시민의 도시, 서울

KB111273

마티

시민의 도시, 서울

서문

도시 패러다임은 전환기를 맞고 있다. 고도 성장기의 중앙집권적 방식으로는 지금 도시 문제의 해결책을 찾기가 어렵다고 한다. 새로운 출구를 찾아야 하나, 주택과 토지 그리고 자본은 점점 소수에게 집중되고 있고, 이에 따른 불평등은 더욱 공고해지고 있다. 여전히 시민 사회의 창의성은 억압되고 지역적 다양성은 간과되며 전통적인 토착적인 지식은 무시되고 있다. 생각만큼 도시의 삶에서 시민 주도, 공정과 평등으로의 변화를 경험하기 어렵다. 서울의 도시정책도 시민 다수를, 특히 힘없고 가난한 시민들을 서울 밖으로, 살던 지역 밖으로 내모는 데 개발 사업과 마찬가지로 도시재생 사업도 일조하고 있다. 세상이 바뀌어도 축출되거나 배제되는 사람들이 늘어나는 도시가 서울이다.

우리는 어떻게 신뢰와 포용, 소통과 합의에 바탕을 둔 도시 공동체를 이루어갈 수 있을까. 그리고 시민이 주체성을 갖고 도시 문제 해결에 참여하는 방법은 무엇일지, 시민개인의 연대에 기반을 둔 도시공동체의 모습은 어떠할지, 시민의 자발적인 운동이 새로운 체제로 이행하기 위한 동력으로 전환될 수 있는 협력의 방식은 무엇인지, 그리고 이를 대중적 의제로 올려 다양한 논의의 과정을 거치는 합의의 정신을 어떻게 구현할지를 모두 시민이 주도적으로 만들어 낼 수 있을 것이다. 사회·경제적 평등이라는 이상은 멀리 있는 꿈이지만, 실현 과제를 풀어낼 지혜 역시 시민의 공론장에서 나올 것이라고 믿는 이유다.

〈시민의 도시, 서울〉에서 '사회 자본', '공동의 부', '지역공동체'라는 세 가지 주제로 여덟 분의 사회학자, 행정가, 건축가, 활동가, 도시학자, 정치가 등 다양한 분야의 전문가를 모시고 시민 여러분과 이야기를 나눴다. 여기에 모은 이야기들이 시민에 의해 바뀔 수 있는 도시, '시민의 도시, 서울'을 만들어가는 작은 계기가 되기 바란다.

CONTENTS

서문   5

시민 도시   시민 정치와 도시권   10
하승우

사라지는 장소들 나타나는 장소들   26
심보선

무엇이 도시를 움직이는가?   42
자본과 권력 vs. 시민
정석

청계천, 동대문 젠트리피케이션   62
박은선

지자체 거버넌스 경험을 통한   72
시민의 도시 정책 방향
이재준

공유 도시   공유재로서의 도시   88
전은호

공유와 혁신: 미래를 상상하는   100
새로운 패러다임
전효관

놀이터로 행복한 마을   111
이영범

시민 도시

시민 정치와 도시권

하승우

녹색당에서 공동정책위원장을 맡고 있다. 부산 태생으로 서울에 살다가 결혼 후 경기도 용인시를 거쳐 3년 전 충청북도 옥천군으로 이주했다. 그래서 지금은 시보다는 군에, 도시보다는 농촌에 더 관심이 많다.

- -

도시 정치

'도시가 너희를 자유케 하리라'라는 말이 있다. 중세 시대 신분제에 얽매여 있던 농노라도 도시로 들어가서 1년이 지나면 자유인으로 살 수 있었다. 신분제가 있던 딱딱한 사회에서 도시는 인간에게 자유를 주는 공간이었다. 이렇듯 과거의 도시는 자유의 공간이었다. 그렇다면 현대의 도시는 어떨까? 여전히 자유를 주는 공간일까? 어떤 면에서는 여전히 자유를 주는 공간이지만 때로는 사람들에게 악영향을 주기도 한다. 한 예로, 미국 디트로이트시에서는 자동차 산업으로 대기오염이 심각해져 도시에 사는 사람들이 병에 걸렸다. 도시가 자유가 아니라 죽음을 줄 수도 있는 것이다.

이처럼 도시는 규정되지 않고 변화하는 공간이다. 중세 시대에는 도시가 자율성을 지닌 공간이었을 수 있지만, 그만큼 그 자율성을 규제하려는 시도도 계속 있었다. 제임스 스콧(James C. Scott)의 『국가처럼 보기』에서는 국가가 도시의 전체 그림을 그리고 그 안에서 시민의 자유를 확장시키려 했던 계획이 항상 의도된 결과만을 가져오지는 않았다고 주장한다.

'시민의 도시'를 선언한다고 해서 곧바로 그곳이 시민의 도시가 되는 것은 아니다. 시민의 도시를 만들기 위한 공간을

배치하는 것과 실제로 시민이 그 공간을 자신의 것이라고
생각하는 것 그리고 그 도시가 실제로 시민에게 자유를 주는지는
또 다른 문제다.

　　세계화 이후 '국가는 작은 것을 다루기에는 너무 크고, 큰
문제를 다루기에는 너무 무기력하다'고들 말한다. 가령 지금까지
동네 쓰레기 문제에 대한 정부의 대처 방법은 매우 간단했다.
쓰레기 소각장이나 매립장을 크게 짓는 것이었다. 그게 과연
좋은 방법일까? 지역적 차원에서 보면 올바른 방법이 아니다.
소각장이나 매립장을 짓더라도 어느 정도의 규모로 지어야 할지를
검토하거나 소각장이나 매립장을 짓는 대신 자원을 순환시킬 수
있는 시설을 갖춘다면 어땠을까?

　　내가 사는 옥천군에서는 서울시와 달리 분리수거를 하지
않고 모두 가져가서 태운다. 인구가 5만 명인데 소각장이 인구
10만 규모로 설계되다 보니, 소각장을 돌리기 위해 분리수거를
하지 않고 일정 양을 한 번에 수거해 태우는 것이다. 비효율적일
뿐 아니라 자원 낭비와 유해 물질 배출 문제가 심각하다. 한편
농민들은 쓰레기를 배출하지 않고 그냥 태우고 있다. 이런 현실을
고려해 그동안 주민들이 같은 문제에 대처해 온 나름의 방식을
참고하여 더 나은 방법을 고민하면 좋을텐데, 국가는 그것을
늘 간단하고 익숙한 방식으로 처리하려 한다. 이런 문제 때문에
실제로 그 지역에서 생활하는 사람들의 지혜와 삶의 가치를
반영할 수 있는 정치가 필요한 것이다.

11

　　벤자민 바버(Benjamin R. Barber)는 『뜨는 도시 지는
국가』에서 세계화 시대에 도시의 자율성이 다시 확장될 것이라고
주장한다. 근대 국가가 도시의 자유와 힘을 통제하려고 했다면,
세계화는 다시 도시에 기회를 주는 것처럼 보인다. 하지만 '지는
국가'라고 해서 전 세계에 있는 모든 국가가 동시에 지는 것은
아니고, 마찬가지로 '뜨는 도시'라고 해서 모든 도시들이 자기
역동성을 가지고 움직이는 것은 아니다. 도시에 살고 있는
시민들이 이러한 변화에 대해서 어떻게 생각하고 대응하고

변화를 조직하는지에 따라 결과는 많이 달라질 것이다.

- - - - - - - - - - - - - - - - - -

시민

국민과 시민을 구분해서 이야기할 때, 보통 국민은 귀속성이 강조되는 개념이다. 국민은 국가로부터 보장받는 주체로서의 성격이 강하다. 반면, 시민은 사전적인 의미에서 그 자치단체의 공무(公務)에 참여할 권리와 의무가 있는 존재, 즉 도시의 운영에 참여할 권리와 의무가 있는 존재다. 지난 촛불집회에서 우리는 '촛불시민'에 관한 이야기를 많이 했다. 하지만 '촛불국민'이라는 말은 들어보지 못했다. 아마도 그 이유는 시민이 가진 자율성이나 역동성에 주목한데다 과거로부터 시민이라는 말을 써온 방식 때문일 것이다.

중세와 현대의 시민의 권리와 의무를 비교해 보면, 중세 시대에는 도시를 운영하는 권력을 행사하는 자를 추첨제나 직접민주주의로 뽑거나, 그 도시의 형편에 맞게 여러 방식을 혼합하여 선출했다. 지금은 방식은 조금씩 달라도 대부분 선거를 통해 도시의 권력을 분배한다. 즉 흔히 말하는 대의민주주의 체제로 도시가 운영된다.

이런 통치 구조는 시민의 삶에 영향을 미친다. 중세 도시가 그 안에 살고 있는 사람에게 자유를 주는 공간이라고 했지만, 통치 구조가 대의민주주의 체제로 바뀌고 근대 도시가 되면서부터는 도시의 특권이 보편화되었고 그에 따라 인권도 도입되었다. 시민의 권리는 통치 권력에게 보호를 받았지만 그 과정에서 자기 결정권의 범위는 서울과 같은 대도시에서 점점 더 애매해졌다. 한편에서는 시민으로서의 권리와 자율성이 보장되었지만, 다른 한편에서는 그런 권리를 구성하는 과정에서 자기 결정권을 회복하는 것이 중요한 과제가 되었다.

개인적으로는 2018년 지방선거가 2017년 대선만큼 중요하다고 생각하는데, 대부분의 사람들은 지방선거를 중요하게 생각하지 않는 것 같다. 여전히 지방적·도시적인 것을 국가적인 것의 하부 개념으로 생각하는 듯 하다. 대통령 선거만 중요하고, 시장 선거는 우리 편이 되면 좋고, 안 되면 어쩔 수 없다고 생각한다. 실질적으로 자기 삶에 더 많은 영향을 주는 것은 지방선거임에도, 자율성이나 주권의 범위를 시 차원에서 생각하기보다는 국가 차원에서 생각하는 데 익숙해져 있다. 도시민이라고 이야기하고 도시민으로 살아간다고 생각하지만, 실제로는 국민으로 생활하면서 도시를 바라보고 해석한다. 약간의 변형은 거쳐 오긴 했지만, 한국에서 진행되고 있는 논의들이 주로 국가의 범주에서 해석되어 왔다.

- -

거버넌스

최근 한국에서 거버넌스를 '협치(協治)'나 '공치(共治)'로 번역해 사용하는 경우가 많다. 올바르게 쓰려면 그렇게 번역하지 말고 그냥 거버넌스라고 해야 한다. 협치라고 하면 진짜 '협(協)'이 이루어져야 하는데, 사실 한국 사회에서는 협력이 잘 이루어지지 않는다. 민관 간에 협치를 해 본 역사가 거의 없는데 협치라는 말을 너무 쉽게 사용하는 것 같다. 공치도 마찬가지다. 같이한다기보다는 항상 관이 먼저 기획하고 실행하는 과정에서 시민의 도움을 요청하는 식이다.

서구 사회에서는 시 운영과 관련된 중요 결정 권한을 정부가 독점했다가, 제도 정치의 한계를 인정하고 시민에게 권한을 내려놓은 지 오래다. 거버넌스의 어원은 조종(調停)을 의미하는 그리스어 'kubernan'에서 유래한 것으로, 배의 마스터키를 같이 잡는다는 의미다. 배가 어디로, 어떻게 가야 할지를 초기 단계부터 같이 논의하고 결정하는 권한을 민과 관이 서로 나누는 것이다. 그런데 한국은 권한은 나누지 않고 실행 단계에서 책임과 역할만 나누려고 한다.

거버넌스가 국가적인 통치 양식의 변화로만 등장했던

13

것은 아니다. 자율성을 위해 시민 사회도 거버넌스의 필요성을 계속 제기해 왔다. 국가가 해결하지 못했던 여러 가지 문제들을 해결하려면 국가가 모든 권한을 독점하지 말고 지역에 결정 권한을 줘야 한다는 의견을 제기한 것이다.

한국에서는 해방 이후 1952년 지방선거가 처음 실시되다 박정희 정부 때부터 유보됐었다. 1987년 6월 항쟁을 거치고 1991년에 지방자치제도가 부활한 후, 1995년에 자치단체장 선거를 시작하면서 지금까지 지방자치제도가 계속 보완되고 있다. 지금은 시장을 뽑는 것이 익숙하지만, 1987년 이전까지 시장은 임명직이었고 지방의회라는 것도 없었다. 지방자치제도가 지금까지 유지될 수 있었던 것은 결정 권한을 넘겨 받으려고 했던 주민 운동이 있었기 때문이다. 지방자치제도가 실행되고 지역으로 결정 권한이 내려오면서 지역 주민이 참여할 수 있는 통로가 늘어났다. 제도적으로도 주민 참여를 계속 권장하고 있다.

일본은 생활자 정치라고 해서 지역 사회를 잘 알고 이해하고 있는 지역 사람들이 실제 권력을 행사해야 한다는 논의가 진행되고 있다. 한국에서도 지방자치제도가 실시되고 더불어 시민단체가 권력을 견제, 비판하면서 사회 문제가 조금씩 해결되어 가고 있다. 그러면서 풀뿌리 민주주의1라는 개념도 힘을 얻기 시작했다.

14

---

1   풀뿌리 민주주의는 소수 엘리트 계급이 대다수의 민중들을 지배하는 엘리트주의를 멀리하고, 평범한 민중들이 지역 공동체의 살림살이에 자발적으로 참여함으로써 지역 공동체와 실생활을 변화시키려는 민주주의이다. 이를 가능케 하는 지방 자치와 분권을 강조하고 이를 통해 민주 정치를 실현하고자 한다. 지역 주민들이 지방의회의 예산을 계획하고 실시하는 일에 참여하는 주민참여예산제가 풀뿌리 민주주의의 대표적인 예이다.

- -

주민

과거에는 지역의 예산을 결정하는 것이 시장이나 군수의 몫이었다. 지금의 녹색당 당직을 맡기 전에 오랫동안 몸담았던 풀뿌리자치연구소 '이음'에서 주민참여예산제도[2]에 관한 논의를 많이 했다. 주민참여예산제도는 예산 편성 과정에서 시민의 참여를 확대함으로써 일차적으로 지방 재정 운영의 투명성, 공정성, 효율성을 높이는 제도다. 당시 민주노동당이 서울시에서 주민참여예산 조례를 발의하려 했는데 잘 되지 않았다. 이음도 주민참여예산제도를 많이 얘기하다 2007년에 브라질 포르투알레그리시의 참여예산제를 직접 조사하고 돌아와 보고회를 열기도 했다. 그때는 굉장히 진보적인 제도로 소개되었지만 지금은 웬만한 지방자치단체마다 주민참여예산 조례가 있다. 당시 행정자치부가 이음에서 했던 이야기를 받아들여 주민참여예산제 표준 조례안을 만들어 지방자치단체에 배포했고, 지방자치단체들은 조례를 만들어 형식적으로나마 운영하고 있다.

　　　　주민참여예산제도를 통해 시민은 자신의 삶에 더 가깝게 와 닿는 것을 우선으로 예산을 결정할 수 있다. 시민이 직접 결정한다는 점에서 의미가 있고, 본인이 살고 있는 지역에 대해 깊이 알 수 있는 계기도 되기 때문에 주민참여예산제도는 지역을

15

2　　주민참여예산제도는 1989년 브라질의 포르투 알레그리시에서 처음 시작됐다. PT당의 두뜨라 시장이 당선된 뒤 시민의 욕구에 비해 시장 재량으로 가능한 예산이 전체 2%에 불과하다는 사실을 알고 주민 총회를 개최해 대안 논의를 제의했다. 참여 주민들이 결정한 대로 예산이 집행되고, 이를 통해 변화를 경험한 주민들의 참여가 확대돼 2000년엔 인구 120만 명 중 4만5천 명이 참여했다. 이에 주민참여예산제는 상파울루 등 브라질 다른 대도시로 확산됐고, 지금은 유럽 여러 도시와 캐나다 토론토, 미국 시카고 및 뉴욕 등으로 확산됐다. 한국은 2003년 7월 주민참여형 예산편성제도를 권장한 뒤 일부 지자체가 관련 조례를 만들어 운영하기 시작했다. 행정자치부는 2011년 9월 지방재정법을 개정해 주민참여예산제도 실시를 의무화했다.

시흥시 주민참여예산 사업수 및 예산

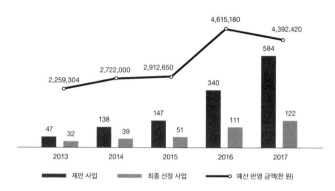

제안 사업 최종 선정 사업 예산 반영 금액(천 원)

용인시 주민참여예산 사업수 및 예산

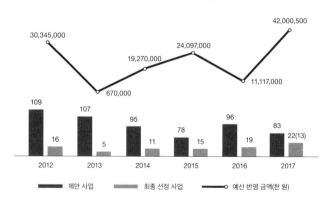

제안 사업 최종 선정 사업 예산 반영 금액(천 원)

학습하기에 좋은 제도다. 하지만 잘못 사용되는 경우도 있다. 간혹 지방자지단체에서 자체 예산으로 진행이 어려운 사업을 공무원들이 주민들을 동원해서 추진하는 경우가 그렇다. 가령 주민참여예산제를 진행하다 보면 CCTV를 설치해 달라는 안이 많이 올라오는데, CCTV가 정말 주민들에게 최우선으로 필요한 것인지 의문일 때가 많다.

조금 더 세부적으로 들어가면, 주민 참여에서 '주민'은 누구를 말하는 것일까. 주민은 동등하다고 하지만 실상은 그렇지 않다. 원주민 또는 토박이가 행사하는 권한과 이주민 또는 뜨내기가 행사하는 권한이 다르다. 원주민이 모여서 이야기하는 자리에 이주민이 참여하기 어렵다. 예를 들어, 제주도는 입도 3대부터 발언권이 주어진다고 한다. 그 정도의 시간을 지역에서 보내지 않으면 동네의 중요한 결정에 끼어 주지 않는 것이다. 원주민들 속에서도 권력 관계가 있다. 가령 마을 이장이나 특정 주민들은 다른 주민들보다 많은 권한을 행사한다. 이런 경우 주민 참여는 특정한 주민들의 참여만을 의미하기도 한다. 주민은 중립적인 개념이 아니다.

일터와 삶터가 분리되면서 생기는 혼란도 있다. 과거와 달리 지금은 일터와 삶터가 분리되어 있다. 농촌에서도 집 앞의 논밭에서 농사를 짓는 사람이 별로 없고, 도시에서도 잠자는 곳보다 일하는 곳에서 더 많은 시간을 보낸다. 그러면 잠자는 곳과 일하는 곳 중 어느 곳을 주된 생활 근거지로 봐야 할까. 집은 동대문구이고 일터는 마포구라고 했을 때 그 사람은 어디 주민일까. 행정적으로 보면 동대문구 구민이지만, 대부분의 시간을 마포구에서 보내니 정작 동대문구에 대해서는 잘 모른다. 일본에서는 자기 지역을 떠나서 일하는 성인 남성들을 '반일 시민'이라고 한다. 하루에 반만 그 지역에서 보내기 때문이다. '전일 시민'은 주로 여성 주부다. 일본 가나가와네또(네트워크)의 요코다 가쓰미는 성인 남성이 아닌 전일 시민인 여성이 권력을 가져야 한다고 주장한다. 그래야 자율적인 결정이 가능하고 그

17

결정이 지역의 필요를 반영하기 때문이다.

　　　　노동의 관점에서 보면 반대의 이야기도 가능하다. 집단 거주 지역인 아파트를 관리하는 사람이 거주민이 아닌 경우, 지역을 관리하는 사람과 주민의 지역에 대한 이해도가 서로 다를 수 있다. 어떤 면에서는 잠만 자는 주민보다 주거 단지를 관리하는 사람이 그 지역에 대한 정보를 더 많이 알고 현명한 결정을 내릴 수 있을 것이다. 지금까지는 지역에 주소지를 두고 있는 사람만을 주민으로 여겼다면, 최근에는 그 지역에서 일하는 사람들의 의견을 반영할 방법에 대한 논의가 조금씩 나오고 있다. 그런 점에서 주민이라는 개념은 계속 확장되어야 한다. 참여나 거버넌스를 이야기하려면 현재의 주민을 어떻게 정의하는가가 중요하다.

18

- -

시민 도시

한국 사회에서 '플랫폼'이란 단어가 유행하고 있다. 문재인 정부의 국정 구상에도 플랫폼 이야기가 나온다. 플랫폼이 무엇일까? 플랫폼이 무엇인지 모르는 상태에서 시민이 플랫폼에 접근할 수 있을지 의문이다. 최근 온라인 정책 제안 플랫폼 '광화문1번가'에 접수된 16만 건 중에 99건이 정책에 반영되었다. 몇 건의 제안이 반영되었는지도 중요하지만, 왜 16만 건 중에서 99건만 반영됐는지, 채택된 제안이 구체적으로 어떻게 정리되어 반영되었는지도 중요하다고 생각한다. 그 과정에서 플랫폼의 기능이 드러나기 때문이다. 그런데 그 설명이 없다.

　　　　시민민주주의는 시민적 가치에 입각하고, 시민적 동의와 참여를 존중하는 정치 체제를 말한다. 그렇다면 시민적 가치는 무엇이고, 시민적 동의와 참여를 존중하는 정치 체제는 무엇일까? 서울대학교 송호근 교수의 책 『촛불의 시간: 군주·국가의 시간에서 시민의 시간으로』에서는 이제 군주의 시간이 끝나고 시민의 시간이 시작됐다고 하면서, 사회를 모순 덩어리로 만든

기성 세대에 대한 청년 세대의 분노를 이야기하고 있다. 박원순 시장도 "정치는 광장에서 표출된 시민의 분노와 열망을 구체적 변화로 만들어야 할 책임이 있다"고 말한 바 있다. 그렇지만 그 방법이 모호한 상황이다. 시민 정치를 호명하는 사람들은 있는데 정작 시민들은 자신이 어떤 방향을 지향해야 할지에 대해 말하지 못하고 있다. 시민들의 가치, 열망, 분노 그리고 지향하는 바를 어떻게 반영해야 할지가 여전히 문제다.

한국은 중앙 정치의 영향력이 압도적인 사회이다. 문재인 대통령의 국정운영5개년계획에 부산, 대구, 무안, 청주 공항 계획이 들어가 있는 것을 보고 적잖이 놀랐다. 국책사업으로 시행한다고 하면 관련 내용이 내년 지방선거에서 쏟아져 나올 것이다. 지역 주민의 삶을 이미 결정해 버린 것이다. 한편, 수도권과 비수도권의 격차가 갈수록 심해지고 있다. 수도권이 자기 지역성이 없는 일종의 메트로폴리스로 변해가고 있는데, 비수도권의 상황도 다르지만 비슷하다. 농촌도 특성이 없어지고 무너지고 있다. 에너지 문제가 심각해지고 식량난이 대두되는 시기가 오면, 그때야말로 거버넌트가 필요할 텐데 한국은 자꾸 변형된 거버넌스만 확장되다 보니 지역에서 주민이 주체가 되지 않는다.

시민 정치의 영향력이 커지는 것 같지만, 그보다는 계속 변형되는 과정에 있다고 본다. 한국에서는 생활과 노동의 문제를 통합하기보다 분리하려는 경향이 여전히 강하다. 다들 살기 좋은 마을을 이야기하지만 일하기 좋은 마을은 이야기하지 않는다. 시민 정치는 이미 행정에 포섭됐고, 도시권 논의조차도 행정의 문법으로 정의되고 있다. 그런 경향을 어떻게 반전시킬 것인가에 대한 고민과 전략이 필요하다. 당연히 그런 전략에는 배제된 사람들의 목소리를 반영할 방법들이 포함되어야 할 것이다. 한국 사회에서 자기 목소리를 내려는 주체가 계속 늘어나고 있는 것은 긍정적인 현상이다. 이제 이 목소리를 어떻게 실제 정치로 반영할 것인가를 고민해야 한다.

도시권

유네스코와 해비타트가 2005–2009년까지 '도시 정책과 도시권'이라는 프로젝트를 진행했다. '도시권'은 개인과 사회 집단 모두가 도시에서 존엄하고 안전하게 생활하는 데 필요한 조건을 정당하게 요구할 권리다. 도시권의 다섯 가지 주요 개념 축은 이렇다. 모든 이가 도시의 자율성, 자유, 이득을 누려야 하고, 시 정부는 투명하고 공정하고 형평성 있게 운영되어야 하며, 지역의 민주적 결정 과정에 참여하고 그 과정을 존중하는 시민이 있어야 한다. 경제, 사회, 문화 생활의 다양성이 인정되어야 하며, 빈곤과 사회적 배제, 도시의 폭력을 줄이는 과정이 반영되어야 한다. 이 정책 프로젝트는 실제로 여성, 청년, 이민자들의 권리, 책임, 참여에 초점을 맞췄다.

도시라는 공간에서 비롯된 여러 문제들은 서구 사회에도 존재한다. 앙리 르페브르(Henri Lefèbvre)는 도시권을 다음과 같이 정의한다. 첫째, 공동으로 만들어 온 도시 공간을 생산하고 정의할 권리다. 한국에서 좌측 보행이 우측 보행이 되고, 주소 표기 방식이 바뀌는 등 공간의 정의나 부르는 방식 등이 바뀌었는데, 시민들은 이를 전문가나 행정에서 하는 일로만 인식하고 있다. 시민 스스로 공간을 정의하는 권리가 중요하다. 둘째, 도시 공간의 생산과 관련된 의사 결정에 참여할 권리다. 이것은 말 그대로 도시의 구성하는데 개입할 수 있는 권리다. 셋째, 시민이 자신의 필요를 규정할 수 있는 권리다. 가령 선거 때 마을회관을 지어주겠다고 공약하는데, 주민 입장에서 보면 마을회관이 있으면 좋지만 꼭 필요한지는 의문일 수 있다. 예산이 제약되어 있어서 하나의 시설을 만들면 다른 시설 하나는 만들지 못한다. 그래서 무엇이 더 필요한지를 주민에게 직접 묻는 것이 주민참여예산제. 큰 그림을 먼저 그려 놓고 예산 1%로 주민참여예산제를 하면 시민들은 무엇이 정말 필요한지 모르는 경우도 있고, 오히려 그런 것 때문에 갈등이 생기기도 한다. 넷째,

이질적인 도시 공간에서 서로 다를 수 있고, 그렇기에 저항할 수 있는 권리다. 도시는 개방된 공간이기 때문에 이질적일 수밖에 없다. 시민이 저마다의 다름을 찾고, 저항할 수 있어야 한다. 다섯째, 도시에 거주하는 사람들이 배제당하지 않을 권리다. 이 권리는 최근 도시에서 중요해지고 있다.

르페브르의 도시권 개념을 이어받은 데이비드 하비 (David Harvey)가 말하는 도시권은 개인의 권리가 아니다. 그것은 우리 자신을 바꿀 권리이기 때문에 집단적 권리다. 지금까지의 인권 논의에서는 도시권을 중요하게 여기지 않았지만, 도시를 재구성하는 권리가 앞으로 살아갈 시대에는 매우 중요한 의미를 지닐 것이다.

미국의 RTC[3]는 강제 퇴거에 대항하는 사회 운동을 조직하고 나름의 중요 원칙을 정해놓고 있다. 예를 들면, 경찰과 국가에 의한 괴롭힘을 금지하는 것이다. 한국 사회는 중앙 정부든 지방 정부든 정부 계획에 반대하려면 시민들이 자신의 삶을 걸어야 한다. 목소리를 내려면 투사가 되어야 한다. 이런 상황은 굉장히 폭력적이다. 모두를 위하는 것이 중요한데, 모두를 위한다고 하는 것이 무엇인지 잘 모르겠다. 사람들이 무엇을 위해 싸우는지에 대한 특정화가 필요하다. 보편적인 인권에서 확장되는 권리도 있지만, 자기 권리를 지키기 위해서는 스스로 싸워야 한다. 이런 것이 시민의 문법에서는 매우 중요하지만, 행정의 문법에는 드러나지 않는다. 사실 이 두 문법은 매우 다르다. 시민 정치와 마찬가지로 도시권도 누구의 관점에서 보느냐에 따라서 언어가 다를 수밖에 없다. 서로가 어떤 관점에서 봐야 하는지는 같이 논의해야 할 부분이다.

21

3 　도시권 동맹(RTC, Right to the City Alliance, 2007년 1월-현재)은 젠트리피케이션에 따른 대대적인 강제 퇴거에 대항하는 사회 운동이다. 7개 도시의 20개 공동체 조직이 참여해서 시작됐다.

- -

변화의 조건들

공공성 후퇴가 우리 사회를 위협하고 있다. 지금까지는 승자독식의 사회로 각자 살아남도록 길들여져 왔지만, 그런 방식으로는 더 이상 살아남지 못한다. 구조적인 방향 전환이 필요하다. 사회 구조의 변화를 만들기 위한 작은 실험들이 이미 진행되고 있다. 문재인 대통령은 연방제에 준하는 지방분권형 국가를 건설하겠다고 했다. 바람직하다고 생각한다. 다만 그렇게 되기 위해서는 조세 개혁이 필수적이다.

1991년부터 지방자치제도를 실행해 왔지만 지방 정부의 재정 자립도는 계속 떨어졌다. 농촌 대부분은 재정 자립도가 20% 이하다. 현재 지방 정부의 세수로는 재정 자립도가 떨어질 수밖에 없다. 그런 점에서 문재인 대통령이 80:20으로 되어 있는 국세와 지방세의 조세 구조를 60:40으로 바꾸겠다고 공약한 것은 매우 긍정적인 변화라고 생각한다. 다만 조세 개혁을 하면서 지방의 권력 구조를 견제하고 변화시킬 수 있는 규정도 같이 바뀌 나가야 한다. 실제로 주민투표나 주민소환제 같은 것이 잘 집행되지 않고 중앙 정부의 필요에 의한 것만 집행되어 왔다. 앞으로는 지역 주민에게 권력이 이전되어야 한다.

이렇게 도시를 재구성하기 위해서는 시민이 다양하게 참여할 수 있도록 새로운 법률을 제정하는 과정이 수반되어야 한다. 또한, 시민이 자기 자산을 관리할 수 있도록 공동체 토지 신탁을 지원할 수 있는 법률도 제정되어야 한다. 국가와 경찰의 권한 남용을 처벌하는 법률과 기업이 일으킨 재해에 대한 책임을 묻고 처벌하는 법률도 필요하다. 구조적으로 이런 조건들이 뒷받침되어야 실제로 시민이 권력을 가질 수 있다. 이런 변화를 단번에 만들 수는 없겠지만, 변화를 만들어 나가려는 노력이 동반되면 사회는 바뀔 수 있다.

_ _

개인 문제의 사회화를 위한 동맹

한국에서 심각한 문제는 사회의 문제를 개인의 문제로 만드는
것이다. 사회적 문제가 발생하면 그것을 사회의 문제로 인식하지
않고, 개인의 부주의나 실패로 여긴다. 개인의 문제를 사회적인
문제로 전환시키기 위한 노력이 필요하다. 시민 정치는 보편적
가치를 주장하는 것이 아니라 도시에서 생활하는 시민의 특수한
욕구나 필요를 해결하기 위한 것이어야 한다. 젠트리피케이션
현상이 대표적이다. 젠트리피케이션을 사회 문제가 아닌 건물주와
세입자 간의 개인적 문제로 몰아가다 보면 이 문제는 결국
'건물주가 착한 사람이어서, 혹은 나쁜 사람이어서'라고 해석될
수밖에 없다. 그러다 보면 똑같은 문제가 반복될 수밖에 없다.
개인 문제를 사회화하는 강령이 필요하다.

개인 문제를 사회화하려면 공유재를 많이 만들어야 한다.
그것이 우리의 몫을 찾아가는 과정이다. 이미 도시에는 공유재가
많다. 많은 지방자치단체가 공간을 소유하고 있다. 그 공유지의
상당수는 도로지만, 지방자치단체장을 위한 공간이나 임대
수익을 받는 공간으로 소유하는 경우도 있다. 그런 공간은 지역
주민이 사용할 수 있어야 한다. 그러나 지역 주민은 정작 그런
공간이 있는지도 모른다. 지자체 홈페이지에 가면 그 정보를 찾을
수 있다. 땅이 어디에 있는지 알고 예산을 사용하게 되면 필요한
시설을 만들 수 있다. 도시 공간을 생산할 수 있으면 권리도 따라
생긴다. 그런데 지금 우리는 전혀 그런 권리를 행사하지 못하고
있다. 땅도 없고 돈도 없으니 못한다고 생각하는데, 사실은
못하는 것이 아니라 아직 우리 몫으로 가져오지 못한 것이다.
이런 시도는 추상적인 담론 속에서 얻어질 수 없다. 아주 집요하고
꾸준하게 추적하는 과정이 필요하다.

권력은 이런 시도를 막기 위해 언제나 분할 통치를 하려
하기 때문에 그에 대항할 수 있는 동맹이 필요하다. 사람들이
실제로 어떻게 살고 있는지를 보고, 도시를 바꿀 수 있는

23

의제를 모으는 것이 중요하다. 그래서 소통이 중요하다. 물론 SNS를 이용해도 좋다. 그런데 한국에서는 SNS를 소통을 위한 네트워크로 사용하지 않고 자기 과시용으로 사용하는 경향이 있다. 내가 지금 뭘 하고 있고 무엇에 관심이 있는지는 이야기하지만, 공동의 관심이 있는 사람들끼리 모여서 뭔가를 같이 해보자는 이야기는 거의 하지 않는다.

어디서나 비슷하다고 본다. 도시는 외로움의 공간이지만 농촌은 두려움으로 가득찬 공간이다. 농촌은 군청에서 비료 등을 지원받기도 하기 때문에 가급적이면 군청과 대립하지 않으려고 한다. 혼자 싸우다 '찍히는' 것을 염려한다. 여럿이 하기 위해서는 사람들과 동선이 연결될 접점을 찾고, 그것을 활용하는 전략이 필요하다. 마을 만들기를 할 때도 각자 하루 동안의 동선을 그리고 다른 사람들과 어디서 동선이 겹치는지를 본다. 예를 들어, 많은 사람들의 동선이 도서관에서 겹치는 지역에서는 공장 화학물질에 대한 이야기에는 관심이 없겠지만, 교육이나 보육에 관련된 이야기에는 관심을 보일 것이다. 구청에 땅이 있으니 다같이 노력하면 공립 어린이집을 만들 수 있다고 한다면, 당연히 귀를 기울일 것이다.

사회화를 위해서는 상처를 두려워하지 말아야 한다. 마을 만들기와 같은 모임에 가 보면 다들 아름다운 관계를 상상한다. 그리고 아름다워지려고 노력한다. 싸우면 안 되고 자기 목소리를 높이면 안 되고, 타인이 받아들일 수 있을 정도만 이야기해야 한다고 생각한다. 그러나 모든 것에는 갈등이 수반될 수밖에 없다. 갈등이 생긴다는 것을 전제하고 이야기하면 협상할 기회가 생기지만, 갈등 자체가 생기면 안 된다고 생각하고 이야기를 하지 않으면 협상의 기회조차 생기지 않는다. 공개적이고 공식적으로 자기의 이해관계를 분명하게 드러내야 거기에 동의하는 사람이 동참할 수 있다. 자꾸만 본심을 꺼내지 않으니까 다른 사람의 본심도 의심하게 되는 것이다.

다시 강조하면, 도시에서의 삶과 권리를 위해서는

개인의 문제를 드러내고 비슷한 문제를 갖고 있는 사람들과의
접점을 찾아야 한다. 그래야 공통의 의제를 도출해 낼 수
있다. 지금 만나고 있는 사람들과 대화하면서 다양한 접점을
연결시켜 조직과 단체를 만들고, 그것을 통해서 공통의 문제를
의제화시키는 방법이 있을 것이다. 내가 겪고 있는 삶의 문제들을
개인의 노력으로 풀 것인지, 아니면 내가 살고 있는 지역 사회의
환경과 책임 속에서 함께 풀 것인지에 따라서 답은 달라질 수 있다.
　　시민 정치와 도시에 대한 담론은 국내에 이미 많다.
하지만 쓰지 못하는 담론은 의미가 없다. 지금 필요한 것은 현재
살고 있는 도시를 어떤 식으로 바꿔 나갈지에 대한 구체적인
이야기다. 앞선 이론들을 보고 따라가는 것도 방법이 될 수 있지만,
내가 가지고 있는 삶의 필요나 욕구에 대한 이야기를 드러내고
사람들을 만나는 것이 먼저다. 최초에 정리해 놓은 개념은
살아가면서 계속 바뀔 수밖에 없다. 남이 보기에 좋은 그림에
우리가 맞춰가는 것이 아니라, 우리의 그림을 어떻게 그려갈
것인가에 대한 논의로 조금씩 전환시켜 나가야 한다. 그래야 나도
바뀌고 공간도 바뀐다.

사라지는 장소들 나타나는 장소들

심보선

경희사이버대 문화예술경영학과 교수. 시인이자 사회학자이며,
서울대 사회학과 학사와 석사 과정을 졸업하고 컬럼비아대
사회학과 박사 과정을 졸업했다. 인문예술 잡지 『F』의
편집위원으로도 활동하고 있다. 시집으로 『눈앞에 없는 사람』,
『슬픔이 없는 십오 초』가 있고, 산문집으로 『그을린 예술』이 있다.

- - - - - - - - - - - - - - -

대항하는 정체성

사회학에서 가장 중요한 개념 중 하나는 자아 혹은 집단이나
조직의 아이덴티티이다. 아이덴티티는 나는 누구이고, 무엇을
하는 사람이고, 어떻게 사는 사람인지를 나타낸다. 만약 이것이
지속적이지 않고 매 순간 바뀐다면 그것을 정체성이라 볼 수
없을 것이다. 물론 정체성이 항상 동일하고 반복적일 필요는
없다. 정체성이란 상황과 사건을 통해 조정되고 교섭되면서도
지속성이라는 틀을 유지하는 자기 정의라고 할 수 있다. 이
정체성이 어떻게 만들어지고 유지되고 변화하는지가 사회학이
던지는 가장 중요한 질문이다.

　　　사회학의 전제 중 하나는 정체성이 항상 주어진 조건과
환경에 의해서 만들어진다는 것이다. 어빙 고프먼(Erving
Goffman)이라는 사회학자의 연구를 예로 들어보자.
『Asylum』(1961)에서 그의 주요 관심사는 사회 조직으로,
그중에서도 정신병원에 대해 연구했다. 정신병원에 직접 들어가
참여 관찰과 인터뷰를 하면서 정신병원에서의 자아 형성에 관한
이론을 만들었다. 그가 제시한 것은 정신병원과 유사한 기관인
교도소, 수용소, 군대와 같은 기관에 대한 이론이자 동시에

사회와 정체성 일반에 대한 이론이다. 그는 이 책에서 일반적 통념을 부정하고 정신병원이 사회와 유사할 수 있다고 과감히 주장했다.

고프먼은 자아가 어떻게 만들어지는지에 대해, 'Self is built ( ) environment.'라는 한 문장으로 정리했다. 보통 빈칸에 inside, within, by 등이 들어갈 것으로 생각할 수 있지만, 그는 'against'라는 전치사를 썼다. 매우 흥미로운 선택이다. against는 '그것에 저항하면서', '그것에 반하여'라고 해석할 수 있다. 고프먼의 뛰어난 통찰력에서 비롯된 진술이라고 생각한다.

정체성은 내가 누구인지에 대한 감각이다. '당신은 누구입니까?'라고 물었을 때 하는 대답들이 있다. 전공이나 직업을 이야기하는 경우도 있는데, 그것이 내가 누구인지를 충분히 표현할 수 있을까? 고프먼은 지위(status)와 자아(self)를 건축적 비유를 통해 구별한다. 사회 환경을 딱딱한 건물로 가정하면, (social) status는 그 딱딱한 건물에 의해서(by) 주어지지만, 자아는 딱딱한 환경에 저항하면서(against) 발생한다고 설명한다. 자아가 발생하기 위해서는 딱딱한 건물 안에 거주하면서도 그에 반하는 또 다른 요소를 창출해야 한다. 그러기 위해서는 다른 장소가 있어야 하는데, 그는 그곳을 딱딱한 건물 안에서 벌려야 하는 틈(crack)이라고 이야기한다. 지위는 딱딱한 건물에 의해 주어지지만, 자신의 정체성, 자아 개념은 그 딱딱한 환경에서 생기는 틈 속에서 만들어진다. 그렇기 때문에 자아는 그 환경 안에서, 환경에 의해서 수동적으로 정의되는 것이 아니라, 언제나 그 안에서 계속해서 틈을 만들어 내고 형성된다는 것이다. 그 틈이 구조 안에서 자아에 자율성을 부여한다고 할 수 있다.

살다 보면 주어진 환경에서 부족한 것들을 임기응변으로 즉흥적으로 만드는 경우가 많다. 일례로, 군대에서 몰래 라면을 가져와 라면 봉지에 뜨거운 물을 부어 먹는 일 같은 것이다. 그런 사소한 것이 정신병동과 같은 환경에서는 매우 절실하다. 환자는 스스로 자아 개념을 확보하기 위해 사소한 투쟁을 벌인다. 미국 법철학자인 마사 누스바움(Martha Nussbaum)이 쓴 『시적 정의』에 나오는 판결 사례 중의 하나를 소개한다. 한 수감자가 수용실 안에서 먹다 남은 빵, 주운 헝겊 쪼가리 같은 것으로 자신만의 수집품을 만들어서 걸어 놓는데, 어느 날 교도관이 와서 모두 압수해 갔다. 교도소는 헝겊 쪼가리로 만든 작은 공예품도 허락되지 않는 곳이다. 거기서는 스스로 만드는 자아를 가질 수 없고, 대신 죄수라는 지위만 있다. 그 수감자는 그 일에 화가 났고, 정의롭지 않다고 생각했다. 그 작은 소지품들을 자기 것으로 생각했기 때문에 소송을 제기했다. 판사는 판결문에서 '아무리 사소한 것일지라도 그 사소한 것이 그 수감자를 인간으로 만드는 것이라면 그것은 존중받아야 하고 허락되어야 한다'고 했다.

이것을 사회로 바꾸어 생각해 보자. 우리는 자신을 자유로운 존재, 권리를 가진 존재, 인격을 가진 존재, 존엄한 존재로 만들기 위해서 어떤 기술과 전략을 사용할까? 사소하든 사소하지 않든 우리에게는 어떤 틈들이 있을까? 우리 사회는 그 틈이 좁아지고 있지는 않을까, 아니면 곳곳에 새로운 틈들이 생겨나고 있을까? 그 틈을 더 벌리기 위해서 개인이나 집단은 어떤 노력을 하고 있을까? 우리가 대항(against)하는 사회가 어떤 곳인지에 따라서 우리는 영향을 받는다. 어떤 적과 싸우는지도 중요한 것이다. 무엇에 대항하고 저항하면서 만든 틈인지에 따라 형성되는 정체성도 달라질 것이다.

- - - - - - - - - - - - - - - - - - -

영속성의 위기

1.

우리를 둘러싼 환경이 얼마나 빨리 변해가는지를 가늠해 보기 위해 옛날이야기를 해보겠다. 나는 망원동에서 태어나고 자랐다. 망원동은 수해가 잦았다. 그곳에 사는 동안 세 번의 수해를

호우로 침수된 망원지역 도로에서 널판지를 타고 물놀이 하는 어린이. 1984.9.2 ⓒ연합뉴스

겪었다. 1971년에 일어난 수해는 내가 태어난 직후여서 기억이 없지만, 84년도와 87년도는 생생하게 기억한다.

요새 망원동이 핫하다고들 하는데, 내가 살 때는 전혀 핫한 곳이 아니었다. 한강시민공원이 아직 만들어지지 않았을 때였고, 둑만 있었다. 뚝방마을이라고 해서 둑에 무허가 판자촌이 무리를 이루고 있었다. 판자촌에 사는 친구 집에 놀러 간 적이 있는데, 하수구가 없어서 오물이 계속 흘러 냄새가 났다. 그런 곳에 친구가 살고 있다는 것에 큰 충격을 받았다. 그 뚝방마을은 얼마 후 철거돼 없어졌다.

2.

아버지가 겨울 한강에서 찍은 사진이 한 장 있다. 사진 속에는 놀랍게도 나룻배 세 척이 있고 아저씨 한 분이 있는데, 물고기가 있는 것인지 뭔가를 끌어 올리고 있다. 마치 전쟁 직후같이 휑한 풍경인데, 그 모습이 전혀 목가적이나 아름답게 보이지 않았다.

한강에 대한 나의 기억은 강물이 유유하게 흐르는 풍광과 관련이 없다. 한강은 매우 위험한 곳이었다. 많은 사람이

돼지를 운반하기 위해 배에 싣고 있는 밤섬(율도) 주민. 1968.3.3 ⓒ연합뉴스

30

물에 빠져 죽었다. 119 구조 시스템이 없었기 때문에 익사체가
발견되면 수습되기 전까지 거적으로 덮어 놓았다. 거적 바깥으로
퉁퉁 부은 발이 삐져나온 장면을 아직도 선명하게 기억한다.
나는 그런 환경 속에서 자랐고, 한강을 그렇게 기억하고 있다.

3.

어릴 적 망원동은 주택이 듬성듬성 있었고 밭도 많았다. 겨울에는
밭에 물을 채워 썰매장이나 스케이트장이 생기면 거기서 놀곤
했다. 아직도 버려진 밭과 집 앞 연탄재와 쓰레기가 놓여 있던
장면이 선명하게 기억난다. 밭에는 서서히 집들이 들어섰고,
길과 블록이 생겼다. 나지막하고 허름한 기존 집들과 새로 지은
2층 집들이 섞여 있었다. 내가 살던 집 앞에 큰 집이 지어지기
시작했다. 쓰레기가 쌓여 있던 공터였는데, 나와 친구들한테는
그곳이 놀이터였다. 집을 짓는 동안도 거기서 놀았다. 술래잡기를
하면 숨어 있기 안성맞춤이었다. 하지만 철근이 삐져나와 있고
못이 솟아 있어 위험했다. 그곳은 집에서 키우던 강아지를 묻은
곳이기도 했다. 강아지가 새끼를 낳았는데 그중 한 마리가 쥐약을

한파로 얼어붙은 한강에서 스케이트타는 가족들. 1990.2.25 ⓒ연합뉴스

31

먹고 죽어서 그 공터에 묻었다. 그런데 그곳에 동네에서 가장 큰 3층 집이 들어섰다. 그러면서 내 놀이터에 큰 벽이 하나 생겼다. 남의 집이 되어서 그 안에서 놀 수 없으니, 대신 그 벽에 공을 던지고 튀어 오르면 다시 받아서 던지면서 놀았다. 그 집 안에서는 쿵쿵 소리가 울렸을 텐데, 그때는 그렇게 놀아도 된다고 생각했다. 그 집에 사는 분이 결국 화를 냈는데, 죄송하다고 하고는 몰래 또 공놀이를 했다. 물론 지금은 내가 잘못했다는 것을 알지만 그때는 어린 마음에 당신네 집이 아무리 크고 부자여서 기세등등해도 기껏해야 내 강아지 무덤 위에 세운 집이라고 생각했다. 그때 나는 작은 우리 집 앞에 솟아오른 거대한 집에 대항함으로써, 비록 철학적이고 세련되고 체계적이지는 않지만, 내가 누구이냐는 아주 초보적인 정체감을 만든 것 같기도 하다.

4.

또 다른 사진이 있다. 성산대교가 만들어진 시기였는데, 사촌 형에게 물려받은 자전거로 한강에서 자전거 연습을 하는 모습이 담겨 있다. 뒷배경에 건설 중인 성산대교가 있다. 성산대교가

1977년 4월에 착공한 성산대교의 교각공사. 1978.2.1 ⓒ연합뉴스

32

지어지는 중에는 그게 다리인 줄 몰랐다. 내가 알고 있던 다리 구조와 너무 달랐기 때문이다. 철근으로 얼기설기 이은 다리 같은데, 도대체 사람들이 어떻게 저 다리를 건널지 생각했다. 아치 위로 사람이 건너나 싶어 무섭겠다는 생각도 했다.

성산대교를 건설할 당시 아주 날카롭고 무거운 건축 자재들이 야적되어 있던 곳이 또 내 놀이터가 되었다. 위험했는데도 그 옆에서 아이들이 야구를 하고 축구를 했다. 한번은 야구를 하는데 공이 건축 자재가 쌓여 있는 쪽으로 흘러 들어갔다. 공을 줍기 위해 갔는데 그 틈에서 젊은 남녀 둘이 앉아서 술을 마시고 있었다. 술에 취한 채 울면서 죽자고 이야기하는 것을 들었는데, 야구를 하는 내내 마음에 걸렸다. 끝나고 다시 가봤더니 둘이 뻗어 있었는데, 한 명이 일어나서 집에 가고 옆 사람을 깨웠다. 어떤 상황이었는지 모르지만 뭔가 짠했던 것 같다. 어쨌든 죽지 않았으니 다행이라고 생각했다. 지금 한강은 텐트를 치고 돗자리를 깔고 자전거를 타는 곳이지만, 나에게 한강은 사람이 죽은 곳, 사람이 죽으려다 말았던 곳이다.

5.

망원동을 생각하면 성미산이 떠오르지 않을 수 없다. 성미산은
야트막한 산이다. 최근 형성된 성미산 공동체는 본래 아이들을
같이 키우고 교육하는 아주 작은 육아 공동체였다. 그런데 성미산
개발을 반대하는 투쟁 과정에서 어떤 공동체에서 어떤 삶을 만들
것이냐 하는 의식이 생겨 지금의 공동체가 되었다. 여기서 다시
한번 '반하여(against)'가 중요하다는 것을 알 수 있다.

성미산 공동체의 아이들에게 성미산은 놀이터였다. 어릴
적 나에게도 마찬가지였다. 아버지가 새벽에 나를 깨워 성미산
약수터까지 물을 뜨러 가곤 했다. 약수터를 넘어가는 언덕 제일
높은 곳에 돌무더기가 있었는데, 사람들이 지나가면서 던진
돌이 쌓여서 자연스럽게 만들어진 것이었다. 사람들은 그것을
호랑이 무덤이라 불렀다. 호랑이가 묻혀 있고, 거기에 돌을 던지면
복이 생긴다고 믿었다. 일종의 미신이었다. 나도 거기에 돌을
던졌던 기억이 있다. 서울시에 호랑이가 나타난 사건이 있었다.
사진까지 찍혀서 호랑이가 멸종되지 않았다며 대대적으로 뉴스가
났다(나중에 알고 보니 동물원에서 호랑이 사진을 찍어 놓고
사기를 친 것이었다). 어린 마음에 성미산에 호랑이 무덤이 있으니
거기에 호랑이가 있을지도 모른다고 생각하고, 친구들을 데리고
말도 안 되는 곳을 헤집고 다니면서 호랑이를 찾고 놀았다.

그러던 어느 날 국회의원이 되고 싶어 하는 정치인이
나타나 나와 친구들의 놀이터를 망가뜨렸다. 두 번의 출마에서
떨어진 그는 세 번째 출마를 하면서는 약수터까지 차로 편하게 갈
수 있게 해주겠다며 호랑이 무덤 언덕을 밀어 버리고 콘크리트로
덮어 길을 만들었다. 산도 아닌 언덕에 있는 약수터를 편하게
가겠다고 두 동강을 내서 콘크리트 길을 낸 것이다. 호랑이 무덤은
사라졌고, 그는 국회의원이 됐다. 사람들은 약수터를 편하게 갈
수 있게 됐다고 좋아했다. 그때 우리 놀이터가 사라지는 것에
대해서는 아무도 싸우지 않았다. 어린 나는 그게 이상했다.
애들과 뛰어놀던 언덕이 절단되고 놀이터가 망가져 속상했다.

33

34

성미산 생태보전과 생태공원을 위한 주민대책위와 환경단체들의 기자회견. 2010.6.22 ⓒ연합뉴스

성미산은 성미산 공동체 사람들에게 여전히 놀이터다.
그곳을 또 개발한다고 하니 드디어 반대하는 목소리가 나왔다.
소박하지만 그곳은 아이들의 교육을 위한 중요한 놀이터이기
때문에 지키겠다고 했다. 성미산의 환경적, 생태적 가치는
측정할 수 없지만, 가치 측정과 무관하게 그곳은 동네 주민들과
아이들에게 중요한 생활 공간이다. 그런 투쟁 과정에서 성미산
공동체가 만들어졌고, 지금은 체계를 갖춘 조합도 생겼다.

6.

내가 살던 집은 조그마한 1층 집이었는데 아버지가 거의
손수 지으셨다. 처음 구한 집에 조금씩 덧붙이는 식으로 집을
확장해 나갔다. 그렇게 생긴 공간이 서재와 장독대였다. 당시
1990년대에는 유행이 있었다. 1층 집을 허물고 3층으로 만들어
3층과 2층에는 주인이 살고, 1층은 세를 주곤 했다. 우리 집도
그런 유행에 편승해서 1층 집을 허물고 3층으로 만들었다.
1층에는 정육점이 들어왔다.

집을 허물 때 가장 고생했던 것은 장독대를 부수는
일이었다. 철근이 너무 많이 들어가 있었기 때문이다. 옛날
건물은 지을 때부터 영구성이 목표였기 때문에 재개발, 재건축,
리모델링을 생각하지 않고 절대 무너지지 않게 철근을 채워
넣었다. 이 영구성 안에서, 딱딱한 것 안에서 우리는 비밀 장소를
찾고, 틈을 찾고, 정체성을 찾았다. 내가 누구인가를 키웠다.

7.

어렸을 때 나를 둘러싼 구조는 매우 딱딱하고 경직됐었다.
건설 용어에 비유해 얘기하자면 철근이 많이 들어가 있었다.
어린 시절 정체성을 찾는 일은 놀이로부터 시작된다. 숨바꼭질,
비밀 장소 만들기, 보물 수집 같은 딱딱한 곳에서 틈을 찾는
놀이로부터 내가 누구인지를 감각하고 학습하게 된다. 그러다
나이가 들면 다른 곳에 이런 틈을 더 벌리기 위해 많은 공간을

35

만들기도 한다.

그런데 여기에는 대항(against)하는 딱딱한 건물이 영속적이라는 전제가 있다. 영속적인 것 안에 만들어지는 틈은 구조적 영속성 안에서 지속성과 유동성을 동시에 확보한다. 틈은 자발적으로, 원할 때, 구조에서 구조로 옮겨 다닌다. 임시적이고 잠정적인 거주라 해도 그 기간은 비교적 장기적이다. 유동성 자체가 자신들이 만들고 관리하고 유지할 수 있는 틈의 상태라고 할 수 있다. 이때 개인들은 틈 안에 거주하며 계획을 하고 실행을 하고 심지어 구조를 바꾸는 실천을 도모할 수 있다. 반면, 지금 우리가 대항하고 있는 구조는 영속적이지가 않다. 만들 때부터 바뀔 것이고, 언제든 교체 가능하고, 더 비싸지고 좋아질 것이고, 잠시 소유하다 팔고 다른 곳으로 갈 것을 염두에 뒀기 때문이다. 우리가 대항하는 대상 자체가 이미 유동적인 것이다. 그렇다면 이미 유동적인 것 안에서 만들어지는 틈의 지속성과 유동성은 어떨까? 이제는 틈과 그 안의 거주도 불안하다.

틈 만들기

예전에도 문화예술 공간은 많았다. 나는 영화 세대라서 시네마테크를 즐겨 찾았다. 1세대 영화 평론가 중에 정성일 씨 같은 분은 영화를 볼 곳이 마땅치 않아서 프랑스문화원 같은 곳에서 예술 영화를 봤다면, 우리 세대는 시네마테크에서 봤다. 시네마테크가 곳곳에 꽤 많았는데, 사람들이 그곳에 모여서 프로젝터로 영화를 봤다. 다 불법이었지만, 거기서 영화 마니아들이 생겨났고, 그들이 영화 잡지를 만들고, 지금 존재하는 한국의 영화 공간을 만들었다. 놀이 문화가 성숙하여 어떤 세대나 집단의 문화가 되고, 이것이 다음 세대가 새로운 단계로 들어설 수 있도록 하는 역할을 시네마테크가 한 것이다. 시네마테크는 나중에는 운영이 어려워져 하나둘 없어졌다. 그렇게 틈은 나타났다 사라지기를 반복하고 있다.

지금도 틈을 만들려는 노력이 많다. 최근 새 시집이
나와서 작은 동네 서점에서 낭독회를 했다. 한 곳은 신촌역 근처에
있는 시집 전문서점 위트앤시니컬이었고, 다른 곳은 상수역
근처에 있는 북바이북이었다. 위트앤시니컬은 신촌 기차역과
합정 두 군데에 있는데, 복합문화공간의 성격이 있는 곳이다.
시집 외에도 시와 관련된 상품을 판매하는데, 공연장도 갖추어져
있고, 시 낭독 모임이나 독서 모임이 이루어지는 카페이기도 하다.
북바이북은 상암과 판교에 있는데 생각보다 꽤 규모가 크다. 그런
공간에 사람이 모이는 방식은 기존 독서 행태와 다르다. 혼자가
아니라 같이 모여서 토론하고 이야기를 나누는 독서 문화가
그 공간 안에서 만들어진다. 문제는 건물 주인이 이제 그만
나가달라고 하는 것이다. 이렇게 문화를 만들어 나갈 수 있는
공간들이 분명히 존재하지만, 이러한 공간에서 생긴 에너지가
상호 연결되어 문화적 토대가 되기 전에 사라지는 것이 문제다.
또 다른 공간이 나타나겠지만 이전 공간들과 연결되기 전에
사라져 버린다. 모든 것이 어긋나 버린다. 문화적 토양, 네트워크,
공론장이 만들어지기 힘들다.

과거 공간들은 구조가 투박했다. 철근만 많이 들어간
식이었다. 반면, 지금 나타나는 공간은 구조가 세련되었다. 값을
올리기 위해 구조를 계속 바꾸기 때문이다. 자본주의 사회가
외모로 주가를 올리는 것과 다를 바 없다. 주식 시장에서 기업의
주식 가치를 높이는 것은 생산성이나 품질 같은 실질적인 경제
가치가 아니라 외모. 여기에서 외모 관리는 구조조정이나
합병과 같은 것이다. 단순히 훌륭한 제품을 만들었다는 것을
보여주는 것이 아니라 합리적이고 유연하고 세련된 조직이라는
것을 보여주기 위해 구조조정과 합병을 한다. 건물 파사드를
리모델링해서 값을 올리는 것과 마찬가지다. 이런 식으로
세련화되는 과정에서 틈의 유동성은 자발적인 것이 아니라
강제적인 것이 되어 버렸다. 지금 예술 공간들의 유동성, 끊임없이
옮겨 다녀야 하는 상태는 어쩔 수 없이 생겨난 것이다.

　　젊은 예술가 만들어 운영하는 공간 중에 세운상가에 있는 전시 공간, 아트숍, 서점이 있었는데 문을 닫았다. 다행히 구청에서 그 공간을 흥미롭게 여겨 다른 공간을 대여해 주고 월세 일부를 구청에서 지원해 주었다. 나머지는 입주한 예술가들이 그곳에서 프로그램을 운영해 자체 충당하고 있다. 전시, 교육, 워크숍 같은 프로그램이 있지만, 여전히 운영이 불안하다. 그래서 점점 더 많은 예술가가 정부 지원에 의존하거나 레지던시 프로그램[1]의 입주 작가로 들어간다.

　　물리적으로 틈을 벌리는 노력이 중요하지만, 물리적 공간을 확보하고 그 안에서 자율성을 유지하거나 확장하는 것이 매우 어려운 상황이다. 틈을 스스로 만들려 하지만, 틈을 지탱하는 구조 자체가 유동적이기 때문이다. 목표를 가지고 주체적, 자율적으로 뭔가를 해서 쌓이는 시간 동안 틈을 확보해야 하는데, 의지와 무관하게 그 틈이 닫히는 상황이다. 그래서 예술가들은 공공 정책, 공공 지원에 의존해서라도 해보자는 생각으로, 울며 겨자 먹기로 정부의 주문에 응해가며 일하는 전략을 취하고 있다.

- - - - - - - - - - - - - - - - - - - -

시적 공간

시적 장소는 어떻게 발견하고 유지할 수 있을까? 가장 유동적이고 비논리적이고 심지어 가상적인 장소가 문학, 시, 예술이다. 예술,

38

1　레지던시 프로그램은 예술가들에게 일정 기간 동안 거주·전시 공간, 작업실 등 창작 생활 공간을 지원해 작품 활동을 돕는 사업으로, 입주 작가 프로그램이라고도 한다. 레지던시(residency)라는 말뜻처럼 예술가는 특정 공간에 '거주'하면서 재정적인 지원을 받고, 다른 예술가나 미술계 인사와 교류하며 창작 활동에 간접적인 도움을 받을 수 있다. 또 주최 기관은 관광 프로그램과 연계시켜 지역 홍보 효과를 누릴 수 있고, 시민들은 해당 예술가의 전시나 워크숍 등을 쉽게 접할 수 있다는 장점이 있다. 반면 주최 기관이 예술가에게 관광, 체험 활동, 작품 주제 등을 과도하게 요구해 오히려 창작 활동을 방해할 수 있다는 것이 단점으로 꼽는다.

문학, 시는 무엇을 만드는 걸까? 간단하게 말하면 패턴이다. 패턴은 우리가 세상을 인식하고 살아가는 데 있어 가장 근본적인 조건이다. 예를 들어, 구조적으로 격자라는 패턴은 거의 모든 건축물, 모든 공간에서 발견된다. 아무리 곡선으로 보이고 기울어져 보여도 그 안에는 격자 구조가 숨겨져 있다. 물리적인 공간이나 환경에서 아무리 그것이 자유롭게 보여도 거기에는 물리적인 한계에 의해 유지해야 하는 기본적인 패턴이 있다.

그렇다면 중력이나 구조적, 물리적 한계로부터 벗어나서 완전히 자유로운 패턴을 만들 방법은 무엇일까? 그것은 예술적 재료를 사용해서 패턴을 만드는 것이다. 여기에는 또 다른 한계가 있다. 패턴이 완전히 자유로워져 비패턴이 되고 완전한 혼돈 상태가 되면, 사람들이 길을 잃어 아무런 지각이나 즐거움도 느끼지 못하는 것이다. 즉, 완전한 혼돈, 비패턴은 지각 가능한 모델도 없음을 의미한다.

예술은 비패턴적 패턴, 패턴적 비패턴이다. 우리는 예술을 통해서 알지 못하는, 혹은 존재하지만 발견하지 못한 어떤 새로운 세계를 발견해 낸다. 이를테면 시는 모더니즘이든 사실주의든, 그 안에 하나의 세계가 구축되어 있다. 그래서 독자나 작가는 그 세계로 들어가 바깥 세계와의 차이를 비교하며 즐거움, 쾌감, 감동 같은 여러 감정을 느낀다. 이 예술 작품 안에 구축된 패턴과 비패턴이 바깥 세계의 패턴과 차이가 없이 동일하다면 그로부터 얻는 새로운 느낌은 없을 것이다.

경희대학교를 돌아다니면서 쓴 시가 있다. 가보지 않았던 건물 안을 돌아다니던 어느 날 '평화연구소'라는 곳을 발견했다. 들어가려고 했더니 아무도 없고 문이 잠겨 있었다. 다음에 지나다니다 봐도 그곳에서 사람을 볼 수가 없었다. 아마도 폐허인 것 같았다. 나는 이런 폐허로 세상을 보는 것이 재미있고 즐겁다. 그곳은 내게 신비로운 장소가 되어 어마어마한 자극과 흥분을 줬다.

우리가 믿고 있는 단단함이나 견고함 같은 것은 언제든 무너질 수 있고, 실제로 무너지기도 했다. 세상 어디에나 폐허가

있다. 심지어 지금 있는 곳에도 폐허가 있을지도 모른다. 폐허는
그 장소의 진실을 드러낸다. 시 안에서 발견되는 장소가 반드시
실질적이고 물리적일 필요는 없다. 어떤 시는 현실적 레퍼런스가
전혀 없는 채로 그 안에서 하나의 장소와 공간을 확보한다. 시가
만들어 낸 세계는 가상의 체계 모델이지만, 그 가상 세계는 실질
세계만큼이나 생생한 느낌을 준다.

　　　사람들은 시를 통해 위로와 감동을 얻기를 기대한다.
뇌나 마음 속에 위로와 감동을 불러일으키는 특정 장소가 있는
것이 아니다. 우리는 시의 안과 밖에서 보고 느끼는 세계 모델의
드라마틱한 차이에 의해 감동과 위로를 받는다. 엄밀하게 말하면
시는 세계 모델에 대한 경험이고, 지각 작용이고, 인식이다. 세계
모델 안으로 들어가서 길을 잃고 헤매는 체험인 것이다.

　　　위로나 감동은 오히려 매우 익숙한 데서 오는 경우가 많다.
오디션 예능 프로그램을 보면 우는 모습을 많이 볼 수 있다. 일찍
탈락하는 사람은 별로 울지 않는다. 좋은 경험을 했고 감사하다고
유쾌하게 말한다. 위로 올라갈수록 탈락자도 통과자도 운다.
그 과정에서 나오는 이야기는 매우 패턴화되어 있다. 각자의
특이성이 사라지고 감동 포인트가 만들어진다. 그 자리에
오기까지 너무 힘들었다는 것으로 모든 이야기가 수렴된다.

　　　오디션 프로그램의 감동과 시, 문학, 예술에서 느끼는
감동은 어떤 차이가 있을까? 왜 사람들은 시를 쓰고, 시를 읽고,
시에 빠져드는 것일까? 가상적인 세계 모델에 왜 그렇게 매료되는
것일까? 이 모델은 지속적이지 않고, 지속적이어도 우리가 아는
지속성과 다르다. 직접적이고 예측 가능한 영향력을 발휘하지
않는다. 나타났다가 사라지고, 모였다 흩어진다. 그런 세계 모델은
특정한 종류의 허구라고 할 수 있다(딱딱한 공간도 어떤 인위적,
허구적 모델에 의해서 디자인된 것이다). 시적 모델의 비물질성,
유동성, 가상성을 특수하고 예외적인 것이라고 하지만, 그것에
몰입하고 빠져드는 이유는 이것이 실제 세계와 대비되는 또 다른
세계를 발견하고 감각할 수 있는 특수한 종류의 거울이기 때문이

40

아닌가 한다.

　　　　건축 이론가라면 더 세련된 말로 설득력 있게 세계의 가상성을 이야기할 수도 있을 것이다. 하지만 시를 통해서 우리가 사는 세계를 보면 이게 진짜일까 하는 생각이 들 때가 있다. 진짜이고 확고하다고 믿는 것에 대해서 의문을 갖고 질문을 던지면서 사는 것을 우리는 성찰이라 부른다.

무엇이 도시를 움직이는가?
자본과 권력 vs. 시민

정석

서울대학교 도시공학과를 졸업하고 같은 대학에서 석사,
박사학위를 받은 뒤 서울시정개발연구원(현 서울연구원),
경원대학교(현 가천대학교)를 거쳐 2014년부터 서울시립대학교
도시공학과에서 도시 설계를 연구하고 가르치고 있다.
서울연구원에서 북촌, 인사동, 걷고 싶은 도시, 마을 만들기 등
여러 도시 설계 연구를 수행했고, 저서로 『나는 튀는 도시보다
참한 도시가 좋다』(2013, 효형)와 『도시의 발견 – 행복한 삶을
위한 도시 인문학』(2016, 메디치) 등이 있다.

- -

재개발

도시를 움직이는 주체는 무엇일까? 도시를 움직이는 두 '시장'이
있다. 하나는 mayor이고, 다른 하나는 market이다. 도시에서
어느 쪽이 더 주인 역할을 할까? 시장(Mayor)이 많은 권한을
갖고 있지만, 마켓의 힘에 휘둘릴 때가 많다. 도시에서 자본이
어떻게 움직이는지 보여주는 대표적인 예가 바로 재개발이다.
　　　　재개발은 도시에서 오래되고 낡아 살기 어려운 곳에서
시작될 것이라고 생각하지만 그렇지 않다. 재개발은 돈이 되는
곳에서 시작된다. 아무리 열악한 곳이라도 사업성이 없으면
재개발이 되지 않고, 반대로 살만 하더라도 이익이 많이 발생하면
재개발이 된다. 한국처럼 재개발이란 이름으로 20 – 30년된
동네를 한번에 철거해 아파트를 짓는 나라는 없다. 왜 한국에서

이런 일들이 벌어지는 것일까? 재개발을 하기만 하면 떼돈을 벌 것 같은 망상을 사람들에게 심어 주었기 때문이다. 사람들은 동네를 돈으로만 보고, 재건축을 한다는 사실에 기뻐한다.

성남시는 재개발로만 형성된 세계 유일의 도시다. 성남시는 이전에 경기도 광주로 불렸다. 서울의 달동네 주민이 집단 이주를 해서 태평동을 비롯한 성남 구릉지 언덕에 천막을 치고 살았다. 그 언덕에 20평 남짓하는 땅을 바둑판처럼 나누어서 만든 곳이 성남의 첫 번째 신도시인 성남 구시가지다. 다음으로 분당, 판교, 위례 신도시(위례 신도시는 성남, 하남, 송파에 걸쳐 있다)가 만들어졌다.

성남의 첫 번째 신도시 재개발 사업이 끝날 무렵 그곳에 살던 원주민들은 한탄했다. 당시 아파트에 들어가려면 2–3억 원의 분담금을 내야 한다는 것을 뒤늦게 알았기 때문이다. 알았다면 재개발에 동의하지 않았을 것이라고 했다. 누군가는 재개발을 통해서 이익을 얻지만, 사회적 약자들은 피해를 입기도 한다. 이렇게 재개발은 사람들에게 혼란을 주고, 주민들을 분열시키며, 과거를 지운다. 무엇보다 큰 문제는 진행 과정이 반민주적이라는 것이다. 재개발 구역으로 지정되면 건물이나 땅을 가지고 있는 개인의 선택은 원천적으로 봉쇄된다. 거대 자본이 들어와서 한꺼번에 철거하고 새로 짓는 것만 가능하다. 그 결과 한국의 도시와 국토가 파괴됐다.

재개발이 계속되면 도시에 있는 단독주택과 저층 주거지가 사라질지 모른다는 우려가 나오고 있다. 도시는 생태계와 비슷하다. 생태계가 지속 가능하려면 종다양성이 중요하다. 가장 하위에 있는 식물이 있어야 윗 단계에 있는 초식동물과 육식동물 그리고 인간이 살아갈 수 있다. 도시도 마찬가지다. 밑바탕을 만들어 주는 토대가 튼튼해야 한다. 도시의 오래된 건물이 다 철거되고 새로 지은 비싼 집만 남게 되면, 오래되고 싼 집에 사는 사람이나 임대료 낮은 상가나 작업실을 필요로 하는 사람은 그 도시에서 살 수 없다. 재개발이

철거 후 폐허로 변한 사당2동 산동네. 1988.11.15 ©연합뉴스

메가마이트로 발파 해체되는 성남시 수정구 태평동 옛 성남시청사. 2011.10.31 ⓒ연합뉴스

조선 후기 배수로와 건물터가 발견된 명동성당 증축 공사 현장. 2011.12.16 ⓒ연합뉴스

종다양성을 무너뜨리고 있는 것이다.

도심 재개발도 비슷하다. 광화문에 인접한 지역이 재개발되고, 명동성당 앞도 다 재개발되었다. 새로 지어진 건물을 유심히 보면 임대 광고가 많이 붙어 있다. 도심 재개발로 새 건물이 들어서면 어딘가 다른 건물에는 공실이 늘어나게 된다. 수요가 있어서 재개발을 하는 것이 아니라 재개발을 하는 것이 경제적으로 나한테 이익이 돼서 하는 것이기 때문에, 이런 개발이 계속되면 강자는 살아남을 수 있지만 약자는 살아남기 어렵다.

- - - - - - - - - - - - - - - - - -

뉴타운

서울 시민에게 가장 기억에 남는 이명박 시장의 프로젝트는 청계천 복원이지만, 그보다 강력하게 추진되었던 것은 뉴타운이다. 그가 뉴타운 정책을 폈던 이유는 강남과 강북의 불균형 때문이었다. 강남은 집값이 엄청나게 올라 있는 데 비해 강북은 거의 변함이 없었다.

뉴타운을 찬성하는 사람들과 반대하는 사람들 간에 치열한 논쟁이 벌어졌다. 서울시가 뉴타운 구역을 지정하고 발표하는 순간 집값이 두 배로 올랐는데, 이미 지가가 오른 상태에서 주민도 건설회사도 손해를 보지 않으려면 더 많은 집을 지어야 했다. 집값이 오르는 것을 원했던 주민들에게는 반가운 정책이었을지 모르나, 주변 지역과 도시에는 큰 부담을 주는 부작용이 있는 정책이었다. 뉴타운을 반대한 사람들은 대안으로 침술 방식을 제안했다. 강북 지역에 선투자로 공원, 공공시설, 주차장을 만들면, 그것이 신호탄이 되어 주변 지역에도 민간 투자가 뒤따를 것이라 생각했다. 긴 시간이 필요하고 눈에 띄는 변화가 바로 나타나지는 않지만 부작용이 적은 방법이었다. 그러나 이명박 시장은 결국 뉴타운 방식을 선택했다. 대중의 생각을 잘 파악하고 있었기 때문에 부작용이 있더라도 단기간에 성과가 드러나는 방법을 택한 것이다.

이명박 시장은 2002년 7월 취임 석 달 후에 왕십리, 은평, 길음, 세 개 뉴타운 구역을 발표했다. 뉴타운 사업을 계속 추진하면서 정부에 뉴타운 특별법을 건의했고, 그 결과 전국적으로 뉴타운이 확대되었다. 4년 후 2006년 지방선거 때는 너나 할거 없이 거의 모든 정치인이 뉴타운을 공약으로 내놓았고, 많은 단체장과 구청장 후보가 당선되었다. 하지만 그로부터 4년이 지난 2010년에는 뉴타운이 애물단지가 되었고, 뉴타운을 공약으로 내걸었던 후보 대부분이 강남, 서초, 강동의 몇 개 구를 제외하고 모두 낙선했다. 2010년 이후에는 서울과 자치구의 도시 정책이 크게 바뀐다. 도시를 조금씩 고쳐 마을 공동체를 살리고 주민이 주도하는 방식으로 정책이 전환된다.

- -

도시 정치

도시 정치의 속내를 잘 보여주는 또 하나의 예가 지하철이다. 지난 총선 때 서울 지역 후보들이 새로 만들겠다고 공약한 지하철역만 60개다. 지하철역은 그만큼 매력적인 공약거리다. 지하철 3호선은 고양, 일산, 원당 쪽으로 크게 휘어져 가다 강남으로 내려와서 반대 방향으로 돌아간다. 직선이면 훨씬 빨리 갈 수 있는 거리를 우회한다. 나도 같이 태워 가라는 사람들의 요구 때문에 벌어진 일이다. 지하철역의 밀집도는 그 지역의 힘을 나타낸다. 신논현역 주변에는 반경 2km 안에 6개 노선 15개 역이 있지만, 수서역 반경 2km 안에는 3개 노선에 7개역밖에 없다.

지하철역 이름에도 많은 도시 정치가 담겨 있다. 처음에 지역명만 명시되어 있던 지하철역 이름에 어느 순간부터 대학 이름이 함께 들어가기 시작했다. 청량리(서울시립대입구)역, 화랑대(서울여대입구)역, 회기(경희대입구)역, 미아(서울사이버대학)역 등이 그 예로, 대학 명칭을 지하철역 명에 넣고자 하는 갈망이 있는 것이다. 종교 간 갈등이 지하철역 명에 영향을 미치기도 한다. 봉은사역의 경우는 개신교 단체에서 코엑스역으로

바꾸라고 요구를 했다. 지역 갈등으로 지역명을 병기하는 역도
있다. 천안아산역, 김천구미역을 비롯해, 청주에서도 오송역을
청주오송역으로, 강남에서도 수서역을 강남수서역으로
이름 붙이자는 요구가 있었다. 동대문운동장이 철거되고
동대문디자인플라자(DDP)가 들어오면서 동대문운동장역은
동대문역사문화공원역으로 바뀌었고, 옛날 공업 단지들이 있던
가리봉역과 구로공단역의 이름에는 이제 전부 디지털이 들어간다.

동서고금의 도시 정치 사례 몇 개를 소개하면 다음과
같다. 전원도시 이론은 도시와 전원의 장점을 겸비한 전원 같은
도시를 만들자는 것이고, 근린주거 이론은 마을 중심에 교회와
학교, 공공시설을 밀집해 넣고 그 안에 이상적인 마을을 만들자는
이론이다. 두 이론에 근거해 미국과 유럽의 도시에서는 2차대전
후에 교외화 현상이 벌어졌다. 그전에는 대부분의 사람이
구도시에 모여 살았다. 구도시의 건물 1층은 대개 상점이고,
2층은 사무실, 3–5층은 집이었다. 집과 직장이 그리 멀지 않아서
걷거나 자전거로 출근하고 퇴근하면서 1층 가게에서 저녁 거리를
사 와 식사를 했다. 이것이 당시 도시의 전형적인 생활 패턴이었다.

그런데 교외화 후 도시 바깥에 주거지가 만들어지면서
차로 도시까지 출퇴근을 하게 된다. 과거에는 극히 일부 계층만
자동차를 보유했다면 교외화 이후 지엠, 크라이슬러, 포드와
같은 자동차 회사가 자동차 대중화 시대를 이끌었다. 교외화와
자동차 대중화가 맞물려 있는 것이다. 자가용으로 출퇴근하면서
퇴근길 집 앞에서 보던 장을 주말 대형마트에서 보게 되었다.
교외 주거지에는 시장이나 상점이 많지 않았기 때문이다. 자주
갈 수 없으니 한 번에 사는 양이 많아질 수밖에 없고, 그것들을
저장해야 하기 때문에 냉장고 용량도 커졌다. 교외화 전후로 생활
양식이 크게 바뀌었다.

어쩌면 교외화는 자동차 산업, 건설 산업, 정유 산업,
유통 산업, 가전 제품 산업의 이해관계에 맞춰진 해법이
아니었을까 싶다. 교외화가 이상적이어서 교외 주거지를 만든

것이 아니라, 자동차를 팔기 위해서는 사람들이 외곽으로 나갈 필요가 있었을 것이다. 마당 있는 집에서 살며 차에서 음악을 들으면서 출퇴근을 하는 로망을 광고로 선전했을 것이다. 그것이 가장 멋진 삶인 것처럼. 지금은 누구도 교외로 도시가 확산되는 것을 옳다고 주장하지 않는다. 오히려 도심부를 콤팩트하게 구축하자는 것이 요즘의 일반적 이론이다.

- -

젠트리피케이션

젠트리피케이션1이 전국민의 일상적 문제로 대두되었다. 젠트리피케이션은 관심받지 않던 허름했던 동네나 거리가 어떤 계기에 의해 주목과 관심을 받으면서 임대료가 오르고, 기존 주민들은 치솟은 임대료를 감당하지 못해 쫓겨나 지역의 구성원과 성격이 변하는 현상이다. 예를 들면, 홍대 앞의 경우 미술, 음악, 건축과 학생들이 학교 주변의 저렴한 스튜디오에 들어가 작업실을 차리면서 그들이 향유하는 스타일에 걸맞은 가게들이 들어와 홍대 문화라는 것이 만들어졌다. 그런데 그곳이 너무 뜨다 보니 늘어난 방문객을 상대할 수 있는 업종의 가게들로 바뀌면서 건물주들이 임대료를 올렸다. 그 결과 홍대를 홍대답게 만들었던 예술가들은 주변 상수동이나 망원동으로 물러나게 됐다.

오래된 한옥 마을인 북촌에서도 젠트리피케이션 현상이 나타났다. 서울시가 한옥을 고치고 옛 골목길을 정비하는 비용을 지원해주면서 지가가 올라가기 시작했다. 부동산 시장에서 한옥 값이 오를 것을 간파하고 계속해서 시세보다 비싸게 주고 한옥을 사고팔았다. 결국, 2001년 평당 500만 원이었던 북촌 한옥 값이 10년도 채 지나지 않아 평당 5천만 원 가까이 올랐다. 한옥 값이 계속 오르자 정작 한옥이 좋고 북촌이 좋아서 살던 사람들이

---

1   젠트리피케이션(gentrification)은 지주 계급 또는 신사 계급을 뜻하는 젠트리(gentry)에서 파생된 용어다.

밀려났다. 부자들이 한옥을 사서 주말 주택으로 사용하거나 가끔 와서 파티를 하는 용도로 사용하다 보니 평일 저녁에 불 꺼진 한옥이 많아져 유령 마을이라는 비판까지 나왔다.

서촌도 비슷하다. 경복궁과 청와대 주변이다 보니 여러 규제로 인해 급격한 개발이 이루어지지 않았지만, 서촌 역시 핫플레이스로 각광 받으면서 젠트리피케이션의 조짐을 보였다. 다행히 다양한 서촌 주민 모임이 마을 전체의 공동 이익을 위해 작년에 연대를 결성했다. 그 안에서는 임대료를 과격하게 올리지 말 것과 어떤 일이 발생했을 때 연대하자는 등의 논의가 이루어지고 있다. 어느 지역에 건물을 새로 짓는 문제로 공동으로 서명 운동도 하고, 통의동에 있는 작은 공원을 지키기 위한 주민 운동도 벌였다.

연남동의 경우 경의선을 지하화하고 지상에 숲길을 만들면서 그 일대가 '연트럴파크'라고 불릴 정도로 바뀌었다. 동네 애물단지였던 철길이 땅 속으로 들어가면서 보물단지가 된 것이다. 새로운 업종의 많은 사람이 모이면서 임대료가 오르고 한바탕 난리를 치루었다.

성수동은 서울의 중공업 지역으로, 공장 대부분이 이전한 뒤 쇠퇴한 지역으로 남아 있었다. 성동구와 서울시에서는 성수동을 수제화 특화 지역으로 살려 보려 노력했고, 2014년 도시재생 시범사업 구역으로 선정이 되면서 100억 원 정도의 재정이 투여돼 재생 사업이 벌어졌다. 여기에 유명 연예인들과 기획사가 들어오면서 지가와 임대료가 올라갔다. 성동구청장은 젠트리피케이션을 막기 위해 조례를 만들었다. 최근에는 새로 신축을 할 때 건물의 일부 공간을 안심 상가로 확보해 기존 가게들이 그곳에서 일정 기간 장사를 할 수 있도록 버퍼 공간을 확보했다.

하지만 젠트리피케이션은 쓰나미와 같다. 자본과 부동산 시장이 마음먹고 목표물을 정해 들이닥치면 막을 도리가 없다. 쓰나미 같은 자본에 휩쓸리지 않으려면 이익이 되면 뭐든 하는

52

자하문로7길 건축물 용도별 면적 변화와 땅값 추이

자료: 한국토지정보시스템

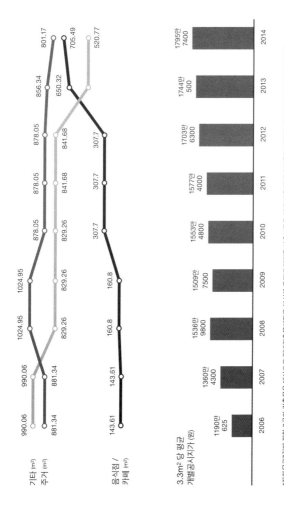

기타 (m²)

990.06 · 1024.95 · 1024.95 · 878.05 · 878.05 · 878.05 · 856.34 · 801.17

주거 (m²)

881.34 · 990.06 · 881.34 · 829.26 · 829.26 · 829.26 · 841.68 · 841.68 · 650.32 · 705.49

음식점 / 카페 (m²)

143.61 · 143.61 · 160.8 · 160.8 · 307.7 · 307.7 · 307.7 · 307.7 · 520.77

3.3m² 당 평균 개별공시지가 (원)

2006	2007	2008	2009	2010	2011	2012	2013	2014
1190만 625	1360만 4300	1536만 9800	1509만 7500	1553만 4800	1577만 4000	1703만 6300	1744만 500	1795만 7400

*자하문로7길에 접한 8곳의 건축물대장으로 일반건축물대장을 분석해 용도별 면적을 산출(1곳은 실제 사용 양태가 건축물 대장에 반영되지 않아 분석에서 제외)

53

자본 시장의 속내를 잘 알아야 한다. 또한 공공에서 자본을 어느 정도 통제하는 역할을 해주어야 한다. 행정에는 개발 용도와 규모를 제어할 수 있는 도시 계획 규제 같은 공적 권한이 있다. 또 재정을 투입할 수 있는 권한도 있다. 규제와 지원이라는 이 두 가지 수단을 통해서 자본 시장을 어느 정도 제어할 수 있지만 한계가 있다. 행정 기관이 규제를 강화하면 시장에서 강한 반발이 생기기 마련이다.

- - - - - - - - - - - - - - - - - -
스펙터클 정치학

도시의 스펙터클2은 대중을 현혹시킨다. 스펙터클의 원조는 콜로세움이었을지 모른다. 거대한 원형 경기장에 사람들을 불러 모아 놓고 검투사끼리 목숨을 건 결투를 하고, 천주교 신자들을 몰아 놓고 사자를 풀어 놓기도 했다. 이것을 보면서 군중은 흥분하고 일상의 스트레스를 잊었다.

독재자는 스펙터클을 잘 이용한다. 히틀러에게는 알베르트 슈페어(Albert Speer)라는 유명한 건축가가 곁에 있었다. 그는 히틀러의 권위와 정치를 건축으로 아주 명확하게 구현해서 대중에게 보여 주었다. 히틀러 집무실로 가는 복도는 층고가 높고 길어서 방문한 사람은 그 복도를 걷는 동안 주눅이 들었다고 한다. 집무실 문을 열면 안쪽의 큰 책상에 거대한 유리창을 뒤로 한 채 히틀러가 앉아 있었다. 햇빛이 비치면 히틀러의 얼굴이 보이지 않아, 그 안에서 히틀러 앞에 선 사람은 위축될 수밖에 없었을 것이다. 이런 건축적 형태와 장치를 통해서 군중의 심리를 움직였다.

공산주의도 스펙터클을 활용한다. 김일성 광장에서 김일성 생일에 이루어지는 거대한 퍼레이드는 공산주의

2 스펙터클(spectacle)은 장관, 볼거리라는 뜻이다.

여의도 5.16 광장에서 제33주년 국군의 날 기념식 후 남대문에서 시청으로 행진하는 국군. 1981.10.1 ©연합뉴스

국가와 도시의 스펙터클이다. 북한 사람은 평양을 세계에서 거의 유일한, 가장 이상적인 사회주의 정신을 구현한 도시라고 자랑한다. 그리고 그 도시 설계의 주역을 김정일이라고 말한다. 실제로 김정일은 『건축예술론』이라는 책을 써서 도시 설계를 어떻게 해야 하는지 주장하고 원칙을 제안했다. 그 원칙에 따라 평양이 만들어졌다. 한국전쟁 이후 평양도 개발되는 지역이 점점 달라졌다. 2009년 평양 방문 때 전혀 다른 새로운 도시가 만들어진 것을 볼 수 있었다.

자본주의 도시 서울에도 스펙터클이 있다. 청계천 복원은 군중의 마음을 강렬하게 흔들었던 스펙터클 뉴스였다. 대중의 눈높이를 고려하고 그들의 마음을 예리하게 읽은 이명박 시장의 대단히 정치적인 행보였다. 청계천 복원 사업에 대한 다양한 평가가 있다. 전문가들은 거대한 인공수로를 만들었을 뿐 하천 복원은 아니라고 비판한다. 하지만 대중들은 이명박 시장이 아니면 누가 이러한 일을 했겠냐고 하기도 한다. 이후 2007년 10월 이명박 시장은 타임지 아시아판에 황금용으로 지칭되며 소개됐고, 얼마 후 대통령에 당선됐다.

56

- - - - - - - - - - - - - - -
도시를 위한 시민의 역할

자본 시장에 대응해야 하는 진정한 주체는 주민이다. 문제는 주민이나 시민도 기본적으로 이기적이라는 것이다. 우리는 자신의 이해관계에 민감하다. 마을의 큰 분쟁은 이웃과 행정 사이에 벌어지곤 하는데, 사실 주민과 행정이 한 팀이 되어야 한다. 자신의 이익도 중요하지만, 공동의 이익, 모두의 이익을 위해 서로 결집하고 연대해야 한다. 그러면 개발 이익을 추구하며 들이닥치는 자본 시장에 어느 정도 대응할 힘이 생긴다.

지역 주민은 공무원을 포섭할 필요가 있다. 공무원의 행정 처리에 답답함을 느끼는 경우가 많지만, 공무원은 법대로 움직일 수밖에 없다. 정해진 규정이나 법에 어긋나는 것을 요구하면 그들도 어쩔 도리가 없다. 무리하게 뭔가를 요구하기보다 일을 잘 해내면 좋은 성과를 얻거나 승진에 도움이 될 것이라고 설득하는 편이 낫다. 공무원의 생리를 잘 알면 충분히 한 팀이 될 수 있다.

그리고 좋은 도시를 만들려면 좋은 시장을 뽑아야 한다. 좋은 시장이 좋은 정책, 좋은 시정을 펼친다. 시민은 그것이 실제 행동으로 옮겨질 수 있도록 관심을 가져야 한다. 어쩌면 시장보다 시정이, 시정보다 시민의 역할이 더 중요하다. 우리가 뽑아만 놓고 지켜보지 않는다면 정치와 자본이라는 권력이 그에게 압력을 가해 도시를 우리 뜻과 다르게 만들 것이다.

시민 자신이 도시의 주인이라는 것을 알아야 한다. 시민이 가진 힘은 머릿수뿐이다. 모래알 같은 국민들이 투표를 하면 대통령도 바꿀 수 있다는 것을 우리는 경험했다. 자본과 정치, 권력이 도시를 마구 흔들어 대는 것을 내버려 두지 말고, 시민들이 나서서 진정으로 좋은 도시를 만들자.

청계천 복원

청계천은 한양 도성 가운데로 흘렀던 내수이다. 옛 청계천은
쓰레기, 가축 분뇨가 바닥에 쌓이는 도시 하수도나 다름없었다.
태종, 세종, 영조 때 청계천 바닥을 걷어내는 대규모 준천 사업을
했다. 영조 때는 준천사를 설치하고 연인원 20만 명을 동원해서
하천 바닥을 정비했다. 그때 드러낸 흙의 양이 어마어마해서
청계천변에 자그마한 산이 하나 만들어질 정도였다고 한다.
1950년대 후반부터 70년대를 거치면서 청계천은 완전히
복개되었다. 복개된 하천 위로 청계고가가 건설되었다. 이후
청계고가는 구조적 안전 문제로 계속 보수 공사를 하다가
철거해야 할 상태에 이르렀다. 이때부터 청계천 복원 논의가
시작됐다.

원주 토지문화관에서 2000년 9월에 처음으로 청계천
살리기 심포지엄이 열렸다. 이때 청계천 살리기 연구회가
만들어졌는데, 환경, 하천, 도시, 교통 전문가들이 모여 청계천에
대한 고민을 나눴다. 그 중심에는 박경리 선생이 있었다. 복개된
청계천을 그대로 두는 것은 마치 부모를 고려장하는 것과 다르지
않으며, 이제는 청계천을 덮은 콘크리트를 걷어낼 준비를 해야
한다는 이야기가 오갔다.

2001년에 두 번째 심포지엄이 열렸다. 2002년 민선3기
서울시장 선거가 다가오고 있었을 때였다. 시장 후보들에게
청계천 복원을 의제로 던졌는데, 이명박 후보가 이를 받아들이고,
여기에 한술 더 떠서 임기 중에 청계천 복원 사업을 완료하겠다는
공약을 내놓았다. 당시 민주당의 김민석 후보는 중장기적
관점에서 청계천을 복원하겠다고 주장했다. 실제로 이명박
시장은 시장에 당선된 후에 바로 청계천 복원 공사를 시작했다.
1년의 준비 기간을 거쳐 2003년 7월 착공했다.

청계천 복원에는 여러 가지 쟁점이 있었다. 그중 하나가
하천 복원으로, 제대로 된 하천으로 복원하려면 상류를 복원해야
했다. 또 하나의 쟁점은 역사 복원이었다. 청계천에는 광통교,

수표교, 오간수교, 석축 등 역사 유적들이 있어서 이들을 원위치로 복원할 것을 역사학자들이 주장했다. 광통교가 있던 위치는 지금의 을지로 입구인데, 교차로 한가운데에 돌로 된 이 다리를 원위치해 복원하는 것은 현실적으로 어려웠다. 또 장충단 공원에 있는 수표교는 지금의 청계천 폭보다 길어서 수표교를 옮겨 오려면 양쪽에 토지를 매입해야 했다. 이런 쟁점들을 해결하고 임기 내에 사업을 완료하는 것은 불가능했기 때문에 이명박 시장은 생태 복원과 역사 복원 요구를 모두 무시했다. 청계천 복원 시민 위원들은 집단 사퇴했다. 공사는 강행됐고, 2년 뒤인 2005년 10월에 청계천 개통식을 했다.

일부 구간의 상판이 제거된 청계고가도로. 2003.7.24 ⓒ연합뉴스

복개 구조물 철거와 하천 정비, 주요 다리 건설, 가로수 조성 등 90% 공정을 마친 청계천. 2005.4.22 ⓒ연합뉴스

청계천, 동대문 젠트리피케이션

박은선

리슨투더시티 디렉터. 미술과 도시공학을 전공했다. 현재 연세대학교 도시공학과 환경공간정보 및 재난연구실 박사 과정 중이다.

- - - - - - - - - - - - - - - - - - - -

뉴타운 키즈와 DDP

서울은 도시 공동의 장소의 기억을 삭제하는 것을 너머 그러한 공간이 존재했다는 사실을 부정하는 도시이다. DDP가 원래 동대문운동장이었다는 사실을 아는 20대는 거의 없다. 청계천이 원래 고가도로였다는 사실을, 한강이 백사장이 있고 물이 맑아 수영할 수 있는 강이었다는 사실을 아는 사람들도 거의 없다. 문제는 한강변이나 청계천이 콘크리트여서 불편하다고 느끼는 사람도 별로 없다는 점이다. 콘크리트 건물에서 태어나 아파트 단지 내 조경을 자연 삼아 자란 세대에게 도시의 과거와 자연을 기억하자는 일은 중요하지 않을 수도 있다. 600년 된 도시의 역사를 일일이 기억할 수는 없는 일이 아닌가? 우리 세대나 다음 세대는 동대문운동장이 어떤 공간이었는지, 청계천이 어떤 공간이었는지 기억할 필요가 없을지도 모른다.

하지만 우리 도시 행정가들과 시민들이 왜 청계천 개발과 동대문디자인파크라는 선택을 했는지, 과연 그 선택이 지속 가능한 선택이었는지에 대해서는 질문할 필요가 있다. 그리고 그 결정 과정에서 우리가 도시에 대해 기록하지 않거나 주목하지 않은 것들이 무엇인지 함께 이야기해 볼 필요가 있다. 도시의 역사는 누구를 위주로 기술되는지도 주목해야 한다. 청계천과 동대문의 노점상, 청계천 복원 문제는 제대로 기록되거나 공론화할 시간을 갖지 못하고 짧은 시간에 개발되었으며, 소수자들의 의견과 투쟁은 역사에 담기지 못했다. 리슨투더시티에서 청계천 동대문 노점상 젠트리피케이션 지도 만들기, 청계천 투어와 재난 지도 프로젝트를 하게 된 배경이 여기에 있다. 리슨투더시티는 토목 개발 중심의 도시 패러다임이 어떻게 구성되었는지를 이해하고, 그 시스템을 지속 가능한 시스템으로 전환할 수 있는 문화를 구축하는 일에 관심을 갖고 있다.

서울은 뉴타운 사업이 본격적으로 시작된 2003년 이후로 급격히 변했다. 2005년을 기준으로 1950년 한국전쟁 이전의 건물은 전국에 3%가 채 남지 않았고,[1] 2002년부터 2005년까지 단 3년 사이에 서울의 주거 지역 면적 305.74km²의 약 7.5%에 달하는 23.16km²가 재개발, 재건축 정비 구역으로 지정되었다.[2] 서울에 오래된 동네들은 모두 아파트로 대체되면서 아파트 재개발을 피해간 이태원, 망원동, 서촌, 이화동, 익선동 등은 오래된 장소의 미학 덕에 현재는 카페가 들어서기 좋은 핫플레이스가 되었다.

최근 젠트리피케이션이라는 용어를 탈맥락적으로 쓰는 경우가 있는데, 2003년 이후 본격적으로 시작된 뉴타운 사업과 서울의 지가 상승, 상가 임대차 문제는 모두 연결되어 있으며 단순히 주거 재개발과 상가 임대차 문제로 나눌 수 없다. 한국처럼 도시 곳곳의 큰 면적을 국가와 기업이 주도하여 깨끗하게 철거하고 새 집합주택을 짓는 현상은 세계적으로 특이한 경우로, 영미권에서 수입된 젠트리피케이션 개념과 일본에서 도입된 재개발 개념을 한국 도시의 상황에서 일대일로

63

---

1   Gelézeau, V., 2007, 『아파트 공화국』, 후마니타스

2   장남종·양재섭, 2010, 『서울시 뉴타운 사업의 추진 실태와 개선 과제』, 서울연구원

대응해서 쓰기란 퍽이나 곤란한 일이다(한국과 비슷한 개념의 전면 재개발은 유럽에서는 1853년 오스만의 파리 재건 사례 이후로는 거의 없었다). 예를 들어 용산 참사는 재개발 사업이지만 그때 투쟁했던 철거민들은 대부분 상가 세입자였다. 두리반이나 카페 마리도 도시 정비법에 의한 재개발 사업이었지만 상가 세입자들이 자신들의 권리를 주장하는 운동이었다. 한국처럼 부동산을 통한 착취가 지속적, 복합적으로 나타나는 곳에서는 지리학자 제이슨 핵워스(Jason Hackworth)와 닐 스미스(Neil Smith)가 주장한대로 1, 2, 3차로 젠트리피케이션을 나눠 보는 것이 가장 적합하다고 본다. 한국 도시의 상황을 보면 젠트리피케이션의 세 가지 물결이 동시에 일어나고 있다고 볼 수 있다. 핵워스와 스미스는 젠트리피케이션을 세 가지 형태로 구분한다. 첫 번째 물결은 고립된 작은 지역에 국한되어 일어나는 현상이다. 두 번째 물결은 거주 지역과 연계되어 일어나는 현상으로, 예를 들어 자본이 소호와 로우 이스트사이드로 침입하여 주거 지역이 상업 지역으로 바뀌는 것이다. 세 번째 물결은 큰 자본과 연계해 개발자들이 국가의 도움을 받아 동네 전체를 재개발하는 것이다.[3]

청계천 개발(2003-2005)과 동대문디자인파크의 건립(2007-2014)은 제이슨 핵워스와 닐 스미스의 젠트리피케이션 모델 중 3차 모델에 해당할 것이다. 이 두 사업은 단순히 그 장소만을 개발하는 사업은 아니었고 주변 부동산 개발과도 밀접한 관련이 있었다. 뉴타운 특별법을 만들고 이끌어 갔던 정치인들에 의해 기획된 사업들이며, 부동산 개발 사업을 지지했던 사회 분위기의 정점에서 시작되었다는 맥락을 염두에 두어야 한다. 2004-2008년 서울시 평균 지가 상승률이 7.6%이었던 반면 뉴타운 지구는 적게는 48%에서 258%까지

3   Hackworth, J. & Smith, N., 2001, *The changing state of gentrification.* Tijdschrift Voor Economische En Sociale Geografie, 92(4), pp. 464-477.

뛰었다. 그렇다면 뉴타운은 정말 헌 집 주면 새집 주는
사업이었을까? 2015년 서울시 주택 보급률은 97.5%이지만
자가 주택 보유율 평균은 42.1%에 지나지 않는다. 2005년 자가
주택 보유율인 44.6%보다 낮았다. 즉 뉴타운 사업으로 주택은
늘어났으나 이미 집이 있는 사람들이 한 채 더 갖게 된 셈이다.
원래 자기 동네에 살던 사람이 뉴타운 이후 재정착 한 경우는
10% 미만이다. 재개발 지역으로 선정된 지역의 인구의 70%는
세입자였지만 임대주택 건립 비율(총 건립 세대 수의 17%)이
낮아 원주민 재정착을 위한 세입자 대책은 매우 미비했다.[4]

청계천과 동대문디자인파크도 부동산 부양을 목적으로
하는 대규모 개발 사업이었다. 청계천 주변의 지가는 가파르게
상승해 청계천에 1m 가까워질수록 필지는 1m²당 약 28–36만
원의 프리미엄을 가졌다. 또한 1공구는 2, 3공구보다 단위
면적당 약 14–29% 높은 지가를 형성했다.[5] 동대문디자인파크
주변의 부동산 가격도 상승했지만 정작 청계천과 동대문의
상권을 만들었던 6만이 넘는 상인, 천여 명이 넘는 노점상들과
상인들은 주변으로 밀려가거나 강제 이주 당했고, 10여 년이 지난
지금 다시 정착하지 못한 사람들도 많다.

- -
청계천과 동대문디자인플라자의 지속 불가능한 개발

1. 청계천
청계천 사업 초기, 이 사업은 지속 가능한 녹색 성장으로
소개되었다. 10여 년이 지난 지금 이 사업을 다시 평가한다면

---

4   이주원, 2016, 『뉴타운 출구 전략』, 서울연구원

5   장유경·황기연, 2013, 『청계천 복원에 따른 지가 영향』, 국토계획 제48권
제3호, 41–51쪽

지속 가능성의 여섯 개 원칙 중 무엇을 얻었는지 살펴볼 수 있을 것이다. 밀레티(Dennis S Mileti)는 지속 가능성의 여섯 가지 원칙(The Six Principles of Sustainability)을 아래와 같이 소개한다.

> 1) 주민의 삶의 질을 높인다.
> 2) 지역 경제를 활성화한다.
> 3) 사회적, 동시대적 평등을 보장한다.
> 4) 환경의 질을 높인다.
> 5) 재난 회복력을 증진시키고 예방하도록 한다.
> 6) 도시 결정 과정에서 동의의 과정을 구축하고 참여를 보장한다.[6]

청계천 복원 사업은 이명박 서울시장 시절인 2003년 7월 1일부터 2005년 9월 30일까지 2년 3개월간 진행되었다. 총사업비 3,867억 원, 투입 누적 인원 69만 4천여 명에 달하는 대규모 토목 사업이다. 당시 청계천 복원 명분은 고가 철거로 안전성 확보, 환경 친화적 도심 공간 조성, 역사성과 문화성 회복, 강남과 강북의 균형 발전 등이었다.

그러나 프로젝트 과정은 비민주적이었다. 지속 가능성의 위기는 보통 거버넌스의 위기에서 시작된다고 이야기한다.[7] 서울시는 천 번 이상 상인들을 만났다고 했지만 상인 대표회를 둘로 나눠 서울시에 우호적인 측하고만 협상을 진행했으며, 그나마 노점상인들은 만나지도 않았다(최인기

6   Mileti, D. S., 1999, *Disasters By Design: A Reassessment of Natural Hazards in the United States*, Washington, D.C. Joseph Henry Press

7   Philipp Lange, Peter P.J. Driessen, Alexandra Sauer, Basil Bornemann & Paul Burger, 2013, *Governing TowardsSustainability—Conceptualizing Modes of Governance*. Journal of Environmental Policy & Planning

인터뷰, 2017). 조명래는 "복원 과정이 비민주적으로 꾸려진
결과, 서울시가 선호하는 관점이 지배하면서 시민 사회가
제기한 대안적 관점들이 철저히 배제된 결과를 온전히 보여주고
있다(조명래&배재호, 2005)"고 지적했다. 서울시는 청계천
상인들과 가든파이브로의 이주를 약속하고 복원 공사를
진행했고, 2007년 청계천 상인 6만여 명 중 이주 의사가 있는
6,097명에게 특별 분양 자격을 줬다. 하지만 약속보다 분양가가
훨씬 높게 책정된 가든파이브에 실제로 입주한 상인은 1,028명에
불과했다. 2015년 가든파이브에서 장사하는 사람은 100여 명에
지나지 않았다.

당시 주로 청계 7–8가에서 장사를 하던 천여 명의
노점상인들은 복원 계획 논의에 초대조차 받지 못했다. 서울시는
2003년 11월 30일 새벽 공무원과 철거 용역업체 직원, 전경 등
8천여 명 이상을 투입하여 천여 개가 넘는 노점 철거를 강행했다.
노점상인들은 격렬하게 저항했지만 결국 청계천의 자리를 지키지
못하고 2004년 1월 동대문운동장 주차장 자리로 이주했다.
하지만 2008년 동대문디자인파크 사업 때문에 다시 어렵게 자리
잡은 운동장 주차장 자리에서 일부만 현재 풍물시장 자리로 강제
이주하게 되었다.

역사 문화 복원에 대해서도 원래 목적을 거의 이루지
못했다. 청계천 복원 제1의 목적은 역사 복원으로, 현재
장충단공원에 방치된 '수표교'를 다시 청계천에 돌려놓는
것이었다. 그러나 설계 오류로 인해서 현재 청계천의 폭이 너무
좁아 다리를 되돌릴 방법이 없다. 청계천 완공이 10여 년이
지난 현재까지도 수표교 복원은 미지수이다. 청계천 복원을
적극적으로 찬성했던 소설가 박경리는 청계천 공사가 졸속으로
진행되는 과정을 보면서 "지금의 형편을 바라보면서 미력이나마
보태게 된 내 처지가 한탄스럽다. 발등을 찧고 싶을 만치 후회와
분노를 느낀다. 차라리 그냥 두었더라면 훗날 슬기로운 인물이
나타나 청계천을 명실 공히 복원할 수 있을지도 모르는데, 몇

년은 더 벌어먹고 살았을 텐데. 노점상인들이 안타깝다."고
『동아일보』(2004)에 특별 기고를 했다.[8]

　　　　청계천 복원 후 청계천에서 100m 가까울수록 온도가
0.39℃ 하락하였다.[9] 도시 열섬 현상을 완화했다는 측면에서
청계천의 환경적 측면은 도시 환경에 긍정적 역할도 하였다.
하지만 도시 회복력 부분과 재난 방재 부분이 취약해졌다.
청계천은 불투수율이 70%가 넘는 하천으로 건강한 자연 하천이
아니라 수돗물을 흘려 보내는 거대한 어항이라고 할 수 있다.
특히 비가 많이 내리는 날이 문제다. 청계천 주변의 하수가 모두
청계천으로 유입되고, 비점오염원[10]이 모두 청계천으로 흘러
들어가게끔 설계되어 홍수해 위험도 크고, 시민이 고립되는
사고가 매해 10건 정도 발생하고 있다. 매번 주변 하수가
흘러들다보니 검출되는 대장균도 기준치의 50배가 넘는
상황이며, 가끔 물고기가 떼죽음을 당하기도 한다.

68

2. 동대문디자인파크

2007년 디자인서울 계획과 함께 동대문운동장을 철거하고
디자인파크를 건립한다는 계획이 발표되었다. 그러나 894명이
넘는 노점상인들, 청계천 개발 시 서울시에 의해 동대문운동장 한
켠 주차장 자리에 강제 이주된 노점상인들은 또 다시 결정 과정에
참여할 수 없었다. 노점상인들은 인터뷰에서 "그들은 우리를
시민으로 보지 않았어요. 공무원들한테 우리는 '게네들'이에요.
사람이 아니라고 취급받았는데 어떻게 공청회에 초대를

8　　『동아일보』, 2004, 「소설가 박경리씨 특별기고: 청계천, 복원 아닌
개발이었나!」

9　　김경태·송재민, 2015, 『청계천 복원 사업이 도시 열섬 현상에 미치는 영향』

10　비점오염원은 농경지, 나대지, 도로 등에서 비가 내릴 때 표면에 쌓여있다 토사
등과 같이 쓸려 나오는 오염 물질을 말한다.

받겠어요(우종숙, 동대문 지역 노점상 인터뷰 2017)"라고 했다.
시민 사회는 노점상을 그대로 두고, 운동장 건물을 리모델링해서
쓰자고 건의했다. 하지만 의견은 반영되지 않았고 2008년과
2009년에 걸쳐 동대문운동장의 노점상들은 강제 철거되었다.
양인수씨 등이 동대문운동장 조명탑에서 고공 시위를 했지만
결국 대부분이 상권이 형성되지 않은 숭인동 풍물시장으로
이주하게 되었고, 풍물시장에서도 장사가 잘 되지 않아 더 이상
장사를 하지 못하게 된 경우도 많았다.

근대 문화재 전문가들은 동대문운동장은 그 자체가
근대 문화재로 지정되어야 한다는 주장을 했다. 일제 강점기에
지어진 최초 근대식 스포츠 시설인데, 수많은 국가 행사를
했던 시설이기 때문이다. 군부 독재 시절에는 축구 경기를
보려는 사람들로 동대문운동장이 북적댔다고 한다. 당시 추억이
많았던 세대들도 운동장과 야구장을 철거하는 데 반감을 표했다.
하지만 시민 사회 의견이나 불시에 삶터를 다시 잃게 된 노점상의
의견이 충분히 반영되지 않았고 공사가 강행되었다. 터파기
공사를 시작하자, 큰 규모의 하도감[11] 터 등 수많은 조선시대
유구를 발견하게 되었다. 당시 문화재계에서는 이 터 자체가
국보급이라고 하였지만 공사는 다시 재개되었다. 현재 유물은
공원 중간에 어설프게 재현되어 있다.

동대문디자인파크는 자하 하디드(Zaha Hadid)가 외국
건축가라는 이유로, 주변의 풍경과 어울리지 않는다는 이유로
비판받아 왔는데, 그것보다 더 핵심적인 문제는 큰 건물 내부의
프로그램의 공공성이 부족하다는 점이다. 건설비 총 4,800억
원, 토지 구입비까지 합하면 1조 원이 훌쩍 넘는 사업이지만,
그만한 경제적 효과를 가져왔는지 결과는 부정적이다. DDP

11   하도감(下都監)은 조선시대 훈련도감의 분영으로 수도를 방위하고 왕의
시위와 지방군의 훈련 및 치안을 담당한 기관이다.

운영비가 2014년 300억 원이 넘었다. 투자금을 회수하기 위해 공공을 위한 디자인 전시를 직접 기획하기보다 대관 전시를 주로 해왔고, 대기업에 임대하는 방식으로 수익을 냈다. DDP는 디자인장터(3,523㎡, 약 1,065평)와 살림터(2,959㎡, 약 895평)를 각각 GS 리테일, 디자인하우스에 3년 계약으로 위탁해 운영했다. DDP보다 몇 년 앞서 완공된 중국 광저우의 자하 하디드 오페라하우스 건물도 같은 문제를 보여주고 있다. 그 건물이 어떻게 쓰이고 있는지 연구하려고 직접 광저우에 방문했는데, DDP와 마찬가지로 건물은 크지만 운영 프로그램은 부족한 실정이었다. 건물을 통째로 사기업에 대관하였고, 지금은 오페라 하우스가 아닌 대극장으로 이름을 바꾸어 주로 어린이 오페라를 하고 있다. 더욱이 운영 자금이 부족해 건물이 빠르게 부식되어 가고 있었다.

하도감 터 였으며, 최초 근대 운동 시설인 동대문운동장이었고, 2007년 이전 일본 관광객을 위한 노점상 가이드책이 나올 정도로 유명했던 동대문의 노점상 거리 대신 서울이 얻은 거대한 건물은 그 내용을 무엇으로 채워야 할지 난관에 빠지고 말았다. 서울시는 심지어 자신들이 지워 버린 노점상의 역사를 복원시켰다. 2016년과 2017년 두 차례 밤도깨비 야시장이라는 프로그램을 열어 참가자들에게 하루 임대료 15만 원을 받고 200여 개 푸드트럭을 DDP에 일시적으로 입점시켰다. 이 장면을 보고 이 지역에서 IMF 이후 줄곧 포장마차를 하다 DDP 건립 과정에서 한가한 길가로 이주하게 된 우종숙씨는 분노했다고 한다. "서울시는 분명 만약 DDP에 노점상을 도입하면 우리를 제일 먼저 입점시키겠다 했어요. 그런데 작년에 푸드트럭 200여 대가 DDP 안에 들어가는 것을 보고 제가 미친 사람처럼 두 시간 넘게 항의했어요. 우리가 장사하던 곳을 양보해 줬는데, 새로운 푸드트럭은 되고 우리는 안 된다는 게 말이나 되나요?"

노점상은 단순히 도로 불법 점거자가 아니라 인구를

유입하고, 거리를 활기차게 하는 중요한 도시 문화 요소라는
사실을 주장해 왔지만 줄곧 무시 당해왔다. 그러나 서울시는
필요에 따라 그 사실을 부정하고 지금은 수용하는 이율배반에
봉착했다. 적은 비용으로 큰 공간을 메우는 방법을 DDP는 과연
찾을 수 있을까?

- - - - - - - - - - - - - - - - - -

평범한 사람들의 도시 역사

어떤 지도에도 노점상의 위치는 남아있지 않다. 도시
거버넌스에서 노점상은 오랜 시간 동안 목소리가 없는 존재였다.
그러나 뉴타운 개발로 낡은 마을들이 거의 사라진 지금, 노점상은
도시 골목의 정서를 유지해 온 장소적 장치가 되었다. 역사는 주로
영웅을 중심으로 서술된다. 하지만 도시의 삶은 영웅적이지도
않고, 대단한 드라마가 있지도 않다. 수많은 익명의 사람들이
마주치며 삶을 만들어가는 순간이 도시 민중의 역사라고 할 수
있다. 또한 '자격 없는 자'들이 자신의 도시민으로써의 권리를
이야기하고, 공공공간에 대하여 함께 논의하는 것이 도시권이다.
소홀히 다루어졌던 평범한 사람들의 역사를 다시 발굴하고
기록하며, 그간 개발주의에 의해 삭제되었던 다양한 도시 문화를
다시 생각해 볼 필요가 있다.

청계천 공사가 완공된 지 12년이 되었고,
동대문역사문화공원이 완공된 지 4년 차에 접어든다. 청계천은
일 년에 72억 원, DDP는 일 년에 300억 원에 이르는 유지비가
든다. 비단 이 두 사업이 유지비가 많이 들어서, 공사비가 많이
들었기 때문에 잘못되었다고 말할 수는 없다. 이제 DDP도
청계천도 서울 시민이 풀어야 할 숙제가 되었다. 우리는
어디서부터 다시 이야기를 할 수 있을까? 이 두 장소를 시작으로
이제 서울에서 공공이라는 이름으로 대규모 토목 공사를 하는
시대가 막을 내렸으면 한다. 도시는 부동산 가치로만 이루어진
공간이 아니다.

지자체 거버넌스 경험을 통한 시민의 도시 정책 방향

이재준

시민운동과 행정가의 경험을 가진 도시 전문가이자 학자다. 서울대학교 공학박사를 취득하고 대학에서 12년간 도시공학을 강의하며 경실련 도시개혁운동을 추진했다. 최근 5년간 수원시에서 기술행정을 총괄하는 제2부시장을 수행하며 이론을 현장에 실천했다. 지금은 아주대학교 공공정책대학원에서 '시민이 도시를 만든다'라는 철학을 기초로 시민 참여 도시 계획, 주민 참여 도시 재생, 마을 만들기 등의 시민운동과 현장 적용을 이어오고 있다.

- -

우리 도시의 현주소

우리는 그동안 너무 양에 집착해서 빨리빨리를 외쳤고 질을 등한시 했다. 질이라고 하면 여러 가지가 있겠지만, 지난 선거 과정에서 문재인 대통령은 공정한 사회, 정의로운 사회에 대해 이야기했다. 국민들이 주인 의식을 갖도록 뒷받침하겠다고 했고, 전라도와 경상도, 야당과 여당, 좌우와 같은 이념적 대립을 탈피해 국민 통합을 이루겠다고 했다. 피폐한 경제 상황에서의 일자리를 마련하겠다고 했다. 언급된 여러 가지 이야기 중에 나는 주거 공간을 만드는 국민 주권과 통합을 중요하게 생각한다. 국민 주권 시대에 방법론을 이야기할 때 가장 핵심적인 이야기다.

　대한민국이 이만큼 빨리 발전한 것은 패스트 팔로워(fast follower)였기 때문이다. 하지만 이제는 퍼스트 무버(first mover)가 되어야 하고, 그 선두에는 국민이 있어야 한다. 정부는 방향만 제시해 주면 된다. 정부가 너무 나서거나 제지하면 발전이 이루어지지 않는다. 한류 문화가 최근 산업 중 가장 급성장하고 자유롭게 발전한 이유가 정부 부처에 한류를 관장하는 부서가 없었기 때문이라는 이야기가 있다.

　　한국의 도시화는 적게는 10년, 많게는 30년 정도 국제 조류에 뒤쳐져 있다. 지난 정부 시절 뒤늦게나마 '도시 재생' 정책 관련 법을 만들어 추진하기 시작했고, 문재인 정부에서 확대될 계획이다. 5년 동안 50조 원을 투자하는 계획에는 부동산 투기나 뉴타운식 사업으로 번질 위험 요소가 상존한다. 도시 정책이 신도시 개발 방식에서 도시 재생으로 오는 흐름은 세계적인 추세. 해외에서는 이미 20년 전에 시작되었다. 도시 재생 방식에서는 시민이 참여하고 협력하고 합의해 나가는 과정이 중요하다. 그것이 거버넌스의 요체다.

　　최근 '거버넌스'의 뜻이 변질되어 사용되고 있다. 일반적으로 생각하는 거버넌스는 정부와 민간 기업, 시민 단체가 협력해서 전체의 발전을 도모하거나 삶의 질을 향상시키는 것이다. 행정에 참여하고 협의해서 합의를 끌어내는 것으로, 시민의 합의를 존중하는 행정 혹은 시민 단체를 거버넌스라고 생각한다. 거버넌스를 '협치'로 번역하곤 하는데, 정확한 번역이 아니다. 협치는 여러 사람이 모여서 같이 논의하고 통치한다는 뜻이다. 거버넌스의 정확한 번역은 '공공 경영'이다. 거버넌스는 '거버넌트'(정부)의 반대말로, '어떻게 경영하는가'를 나타내는 말이다.

- - - - - - - - - - - - - - - - - -
수원시의 거버넌스 모델
여기서는 거버넌스를 주제로, 지자체 수원을 기획하고 시행까지 총괄했던 경험을 나누고자 한다. 수원시에서 실험했던 모델은 주민참여예산제, 도시정책시민계획단, 마을르네상스, 시민배심원제, 좋은시정위원회 등 다섯 개다. 한 지자체에서 시행한 정책이지만 서울을 비롯한 모든 지자체에 확산될 수

있다. 아직은 여전히 행정이 주도하고 있지만, 이제는 시민이
이끌어가고 행정은 뒤에서 지원하는 방식으로 바뀌어야 한다.

　　주민참여예산제는 시민이 직접 예산 편성에 참여하고
평가하는 것이다. 수원시는 2011년에 주민참여예산제를 시작해
지금까지 이어오고 있다. 시 예산의 1% 정도를 주민참여예산제로
경영한다. 직접 시행해 본 경험에 비추어 볼 때 비율을 5%
선까지 올릴 수 있을 것 같다. 주민참여예산제의 비중을 늘린
만큼 시장의 정책 수립 비중은 줄어든다. 가령 시의 전체 예산이
3조 원이라고 하면, 대부분이 관리비와 인건비 같은 경직성
예산으로 지출되는데, 주민참여예산제 예산이 5%가 되면 시장
정책에 투입되는 예산은 2–3천억 원 정도밖에 되지 않아 시장이
할 수 있는 일이 제한되는 약점은 있다.

　　그럼에도 불구하고 모든 지자체가 시민에게 예산 권한을
조금 나눠줘도 된다고 생각한다. 그렇게 해서 마을마다 대표를
뽑아 운영하는 체제를 만들 수 있다. (수원에는) 실제로 그렇게
시범 운영하는 곳이 있다. 동장을 직접 선거로 선출하고, 선출된
동장이 일정한 예산을 집행한다. 민주주의에 가장 근접한 모델이
아닐까 한다.

　　도시정책시민계획단은 시민이 도시 계획과 주요 정책
결정에 참여하는 것이다. 학자로서 시민이 도시 계획을 직접 세워
보면 어떨까 생각했다. 부시장이 되기 전 국가정책건축위원회
토론회에서 '시민이 도시를 만든다'는 주제로 발표를 했다. 찬반
토론이 벌어졌는데, 반대하는 입장도 있었다. 도시 계획에
전문가의 영역이 있어 일반 시민은 알 수 없는 부분이 있다는
이유였다. 또 토지에 관련된 고급 정보가 많이 논의되는데, 그
정보가 공유되면 부동산 투기나 님비 현상[1]이 일어나고 지역

1　　님비(NIMBY) 현상은 '내 뒷마당에서는 안 된다(Not In My Backyard)'는
영어의 약자로, 위험 시설, 혐오 시설 등이 자신들이 살고 있는 지역에 들어서는 것을
강력하게 반대하는 현상을 말한다.

갈등이 생긴다는 지적도 있었다.

수원시 부시장이 되고 나서 시민계획단을 꾸렸다. 230명을 모집해서 3개월 동안 함께 도시 계획을 짰다. 시민들이 토요일마다 모여 목표와 단계를 정해 서너 시간씩 토론했다. 수원시에서 전문가들에게 시민계획단이 정한 이슈에 대한 모범 답안과 대안을 가져와 발표해 줄 것을 청했다. 시민들은 전문가는 아니지만 정답과 대안을 놓고 토론할 수 있었고, 그것을 바탕으로 직접 안건으로 올리고, 투표에 부쳐 (정책안을) 결정했다. 도시 계획은 300–400쪽 가량의 두꺼운 보고서로 나왔는데, 시민들의 이야기를 모두 수록했다.

지금까지 수원시 도시계획단의 성과를 보면, 수원시 도시 기본 계획, 롯데몰 개점, 수원 컨벤션 프로그램, 수원역 성매매 집결지 정비 및 재활 방안, 수원도시철도 1호선 활성화, 영흥특례공원 조성 등 여러 굵직한 정책이 있다. 그중 롯데몰의 사례가 인상적이다. 전임 시장이 수원역 뒤에 롯데몰이 들어서는 것을 허가했는데, 건축 승인과 준공 허가를 내줘야 하는 시기가 왔다. 건축 승인을 해줄 수밖에 없는 상황이어서 해줬고, 준공 허가도 해줘야 했다. 롯데가 제출한 서류를 검토해보니 주변 교통 환경이 정리가 안 되어 있었다. 그 상태로 허가를 내면 교통 대란이 일어나니 계획을 보완한 후 허가를 내겠다고 반려했다. 롯데에서는 난리가 났다. 추석 전까지 완공해서 추석 때 수익을 내려 했기 때문이었다. 수원시장에게 여러 경로로 압력이 들어왔고, 언론에서는 이 상황을 매일 대서특필했다. 문제가 없는데 왜 롯데몰의 준공 허가를 내주지 않느냐는 기사였다.

압박에 시달리다 시민계획단에 물어보기로 했다. 시민의 집단 지성을 믿고 시민계획단을 만들었기 때문에 시민들이 더 지혜롭게 판단할 것이라고 생각했다. 롯데가 롯데몰을 주제로 시민계획단 토론회를 열기로 했다. 안건은 두 가지였다. 첫째는 롯데몰을 왜 지금이 아닌 나중에 개장해야 하는지였다. 둘째는 재래시장에서 상권의 피해 보상금으로 요구한 200억 원을 어떻게 사용할지였다. 세 시간 동안 토론이 끝난 후 현장에서 안건에 대해 투표했다. 결론은 롯데몰은 교통 환경을 정리한 후에 개장할 것, 재래시장은 보상금을 임의로 사용하지 말고 재단을 만들어 운영할 것이었다. 놀라운 결과였다. 시민계획단의 결정을 공표하고 그대로 진행하겠다고 했더니 그후로는 전화 한 통 걸려오지 않았다. 언론도 기사 한 줄 내지 않았다. 이것이 시민의 힘이다.

시민계획단 프로그램은 호평을 받았고, 지금은 60여 개 지자체에서 운영되고 있다. 시민계획단을 가장 먼저 받아들인 곳은 서울시였고, 부산을 비롯한 지방 도시들도 이 모델을 따르고 있다. 수원시 시민계획단 사례는 초등학교 4학년 교과서에 실리기도 했다. 지금은 국토부에서 시민계획단을 정책화하려고 준비하고 있다.

시민배심원제는 어떤 갈등이 일어났을 때 중재를 위해 매번 법정에 갈 수 없기 때문에 시민들이 직접 모의 법정을 만들어서 결정하는 프로그램이다. 안타깝게도 기대한 만큼의 성과는 없었다. 갈등의 반대자들이 시민배심원제를 통하면 판결에서 질 것이라고 판단하고 참여를 꺼렸기 때문이다. 시민배심원제를 거쳐간 이슈에는 재개발, 층간 소음, 한옥 확산[2] 등이 있다. 전철역 이름도 큰 갈등 중 하나인데, 시민배심원제를 통해 수월하게 결정을 내렸다.

시민배심원제와 비슷한 장치로 500인 원탁토론이나 분쟁상담센터도 있다. 여느 도시와 마찬가지로 수원도 재개발, 재건축 사업에서 비롯되는 갈등 때문에 시민들이 데모를 많이 했다. 이를 해결하기 위해 수원 경제정의실천시민연합(경실련)에 변호사를 두고 분쟁상담센터를 만들었다. 시민들이 시청에 데모하려는 와도 상담하러는 오지 않는다. 그래서 믿을 수 있는 시민단체에 상담센터를 설치해서 시민들이 궁금한 것을 물어보게

---

2   수원시는 민간 한옥 건립을 장려하기 위해 건축비 보조금으로 8천만 원에서 최대 1억 5천만 원을 지원하는 '한옥 지원 조례'를 시행 중이다.

했다. 변호사 비용을 시에서 지원하면서 운영했는데, 적은
비용으로 상당한 성과를 냈다. 상담센터를 운영하고 나서 재개발
관련 데모가 사라지다시피 했다.

　　마을르네상스[3]는 주민이 참여하는 마을 만들기다. 부시장
직속에 담당 부서를 두고 직접 관장을 했다. 공동체에는 5백만
원, 시설에는 2천만 원, 공간 조성에는 4천만 원을 지원했다. 지원
횟수는 2015년까지 600건, 현재 800건에 이른다. 지금까지
진행한 것을 돌아보면 절반은 이상적으로 성공했고 절반은
성공에 근접하지 못하고 실패했다. 그렇지만 이런 시도를 해보는
것과 안 해보는 것은 큰 차이가 있다고 생각한다. 수원은 인구
130만 도시이다 보니 시민들을 가까이서 만날 수 있어서 비교적
쉽게 평가를 내릴 수 있다.

　　좋은시정위원회는 시 정책을 제안, 평가, 관리하는
활동을 하는 곳이다. 어느 시나 이런 위원회가 있는데, 보통은
시장정책자문단이 형식적으로 존재한다. 수원시는 기존 형식을
탈피해 4개 구에서 주민 대표를 추천 받아 전문가 72명을
구성했다. 현재 3기까지 왔다.

　　지금까지 수원에서 여러 가지 프로그램을 실행한 결과
굉장한 성과가 있었다. 덕분에 수원시는 상도 많이 받았는데,
최근에는 유엔 해비타트 세계도시포럼에서 도시 대상을 받았다.[4]
혁신적인 거버넌스 시스템으로 받은 상이다. 수원은 점점 시민들이
직접 계획하고 만들어가는 '시민의 도시'가 되어가고 있다.

3　서울시는 이것을 벤치마킹해서 마을공동체사업을 만들었다. 서울시가
2012년부터 추진하고 있는 마을공동체사업은 주민 주도 방식의 주민자치 공동체다.
지역의 문제를 관이 주도해 처리했던 기존의 방식에서 벗어나, 상호 대등한 관계
속에서 주민이 계획 수립부터 제안, 실행·운영까지 주도하고, 시는 재정(예산), 교육,
컨설팅을 지원한다.

4　해비타트 대상은 주거지 공급과 도시인의 삶의 질 향상 등 지속 가능한
도시 개발과 관련해 공헌한 개인이나 기관한테 수여하는 것으로, 1989년 유엔
해비타트가 이 상을 제정한 이래 한국에서는 수원시가 최초의 수상 도시가 됐다.

연도별 지자체 공무원 인원

단위: 명, 2016년 말 기준 / 자료: 행정자치부

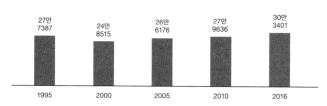

자치단체별 공무원 현원

단위: 명, 2016년 말 기준 / 자료: 행정자치부

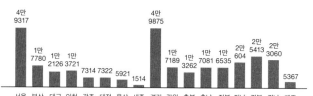

- - - - - - - - - - - - - - - - -

시민이 만들어가는 도시

시민들이 도시 정책에 참여할 때 필요한 주제 의식으로 세 가지를 말하고 싶다. 첫 번째는 포용적 도시다. '포용'이라는 용어는 세계적으로도 많이 등장하는 키워드다. 포용 도시는 소외 계층을 포함한 모두가 차별 없이 혜택을 나누는 도시다. 많은 학자가 도시에서 누구나 형평의 권리를 가져야 한다고 주장하고 있다. 포용하는 도시는 공간적, 사회적, 경제적 차원에서 누구든 포용하는 도시를 의미하고, 그 정책은 주거부터 복지까지 이른다. 시민을 존중하는 인간적인 도시, 소외 계층의 복지가 이루어지는 도시, 대중교통 중심의 도시, 일상생활의 공공공간이 품격을 갖춘 도시다.

두 번째는 스마트 시티다. 스마트 시티는 제4차 산업혁명의 플랫폼으로, 로봇이나 인공지능(AI), 사물 인터넷(IoT) 등을 통해 환경을 지능적으로 자동 제어해 삶의 질을 높이는 도시다. 2016년 1월 다보스포럼[5]에서 클라우스 슈바프(Klaus Schwab)는 현재의 변화가 3차 산업혁명의 연장이 아닌 새로운 4차 산업혁명인 이유에 대해 주장했다. 학자들에 따르면 4차 산업혁명이 온다면, 2030년에는 80%, 2050년에는 100%가 신재생에너지로 채워질 것이라고 한다. 산업통상자원부에서 2030년까지 전체 발전량의 20%를 신재생에너지 발전원으로 대체하는 에너지 정책을 추진한다고 하는데, 이는 너무 소극적인 계획이다. 신재생에너지 대체 비율을 더 높여야 하고, 이를 위해서 지능형 도시로 탈바꿈해야 한다. 기술 융합의 새로운 시대가 다가오고 있다.

세 번째는 거버넌스형 지방자치와 분권이다. 수원시는 시민의 행정 참여 비율이 이미 93%에 육박한다. 세계 도시의

79

---

5   다보스포럼(Davos Forum)은 저명한 기업인, 정치인, 경제학자, 저널리스트 등이 세계 경제에 대해 토론하기 위해 모이는 세계경제포럼(WEF, World Economy Forum)이라는 국제 민간 회의이다. 매년 스위스 동부 휴양지 다보스에서 개최되어 다보스포럼으로 불린다.

평균은 50%라고 한다. 앞으로 거버넌스 모델에서 중요한 것은 온라인 시스템으로, 온라인 거버넌스 플랫폼을 만들어야 한다. 많은 사람이 한 장소에 모여 의제를 논하는 것은 구시대적 발상이다. 지금은 스마트폰으로 정치에 참여할 수 있는 시대다.

거버넌스는 참여 행정을 할 수 있다는 생각에서 출발하는데, 현 정부는 거버넌스 플랫폼을 만들려고 한다. 예전에는 이런 시스템을 만드는 것이 위험했다. 중앙에서 직접 데이터를 관리하면 조작될 수도 있기 때문이었다. 이제는 블록체인(blockchain)이라는 기술로 중앙 집권이 아니라 분권으로 데이터베이스를 저장, 관리할 수 있고, 해킹도 불가능하다. 시민 모두가 각자 휴대폰으로 원하는 정치와 행정 방향에 대해 직접 의사 표현을 할 수 있다. 직접민주주의를 구현할 수 있는 시대가 온 것이다. 국가의 중요 어젠다도 국민이 직접 정해도 된다고 생각한다. 곧 그런 날이 올 것 같다.

2015년 지방 정부 재정 자립도

단위: % / 자료: 행정자치부

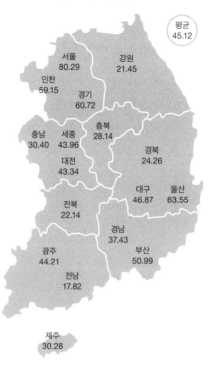

평균
45.12

서울
80.29

강원
21.45

인천
59.15

경기
60.72

충남
30.40

세종
43.96

충북
28.14

대전
43.34

경북
24.26

전북
22.14

대구
46.87

울산
63.55

광주
44.21

경남
37.43

부산
50.99

전남
17.82

제주
30.28

지방 도시 재정 자립도 현황 추이

당초 예산 기준(순계) / 단위: %

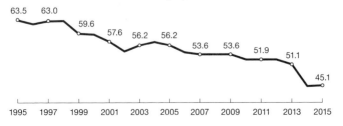

63.5 63.0 59.6 57.6 56.2 56.2 53.6 53.6 51.9 51.1 45.1

1995 1997 1999 2001 2003 2005 2007 2009 2011 2013 2015

2015년 서울 자치구별 재정 자립도

단위: % / 자료: 서울시

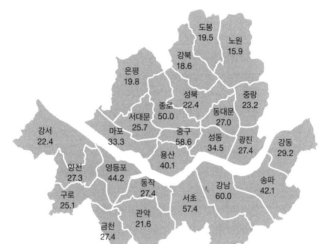

서울 자치구 평균 재정 자립도

단위: % / 자료: 서울시

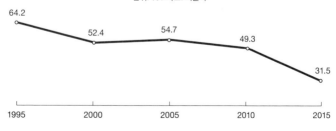

유엔 해비타트 도시 정책

유엔 해비타트는 도시에 대한 여러 가지 정책을 20년마다 논의한다. 첫 번째 논의는 1976년 캐나다 밴쿠버에서 있었다. 빈민을 위한 주거에 대해서 논의했는데, 그러다 보니 도시 전체를 생각하지 않을 수 없었다. 그래서 1996년 터키 이스탄불에서 열린 두 번째 논의에서는 도시에 대해 논의했다. 그리고 2016년 에콰도르 키토에서 있었던 세 번째 논의에서는 도시 전체를 생각했다. 그 중 주거는 작은 의제로, 700개 내지 800개 섹션이 있었다.

도시의 문제와 치유에 대한 다섯 개 정도의 큰 주제로 국제적인 논의가 이루어졌다. 첫 번째는 포용적인 도시로, 이는 이번 정부에서도 키워드로 등장했다. 그동안 성장 과정에서 소외되었던 약자, 난민, 이주민 등이 도시에서 시민의 권리를 가질 수 있도록 배려하는 것이 포용적 도시이다. 여기에는 경제나 복지와 관련된 여러 가지 정책이 들어갈 수 있을 것이다. 두 번째는 회복력 있는 도시로, 빈번히 일어나는 재난, 재해에 적절하게 대응하고, 빠르게 회복할 수 있는 예방과 회복을 위한 도시이다. 세 번째는 안전한 도시이고, 네 번째는 20년 전부터 많이 논의되어 왔던 지속 가능한 도시로 여전히 논의되고 있다. 다섯 번째는 참여적인 도시다. 직접민주주의가 잘 발달되어 있는 스위스와 같은 몇몇 도시도 있지만, 서구 자본주의를 받아들인 도시들은 대체로 참여적인 도시로 아직 성공을 거두지 못했다.

쿠리치바

쿠리치바(Curitiba)는 브라질 남부 파라나 주에 위치한 도시이다. 1960년대까지만 해도 급속한 인구 증가와 산업화로 환경 문제를 비롯해 여러 도시 문제로 골머리를 앓던 도시였다. 그랬던 쿠리치바가 1970년대 이후 자이메 레르네르(Jaimer Lerner) 시장이 취임하고 혁신적인 정책을 펼치며 도시 내 문제를 해결했다. 이후에도 그 정책을 잘 이어받은 쿠리치바는 시민 행복을 중심에 둔 행정, 세상에서 가장 창의적인 융복합 경영, 환경을 중시하는 도시 정책이라는 세 가지 키워드로 전 세계 도시의 모델이 되었다. 이 아이디어는 쿠리치바 시정 연구소에서 직접 만든 것으로 본받을 만하다. 수원시에서 행정을 할 때 벤치마킹을 삼은 도시이기도 하다.

브라질 쿠리치바의 BRT 시스템 2012.4.20 ⓒ연합뉴스

행궁동 '생태교통 수원' 프로젝트

행궁동은 수원의 중심지로 40년 전만 해도 가장 부유한 동네였는데 문화재 보호구역으로 묶여 있어 발전하지 못하고 슬럼화됐었다. 2010년부터 행궁동에 도시 정책을 펼치기 시작했다. 처음에는 마을 사람들 동아리 단위로 진행되다가 점차 참여하는 주민이 많아지고 단체도 생기면서 자발적인 마을 만들기로 이어졌다.

'생태교통 수원' 프로젝트는 행궁동 도시재생사업의 일환으로 한 달 동안 진행되었다. 주민들이 자가용을 이용하지 않고 무동력 교통수단을 이용해 일상생활을 하는 프로젝트였다. 계획을 발표한 뒤 6개월 동안은 시민들이 반대했지만, 수원시가 적극적인 설득에 나섰다. 전격적인 도시 재생, 거리의 기반 시설과 건물 입면 개선, 공원과 가로수 확충, 인근 주차장까지의 이동 수단 제공 등을 제안했다. 결국 주민들이 동참하게 되었고, 한 달 동안 자발적으로 차 없는 마을이 되었다.

프로젝트가 끝난 후 300인 토론이 있었다. 주민의 99%가 긍정적인 평가를 내렸지만 앞으로 차 없는 마을을 계속하는 것에는 90%가 반대 의사를 표했다. 마을 주민의 의견을 존중해 사업은 거기서 멈췄다. 지금은 주민 스스로 한 달에 한 번 마지막 토요일에 차 없는 거리 행사를 하고 있다.

공유 도시

공유재로서의 도시

전은호

대학에서 도시를 공부하고 국토연구원, 서울시사회적경제지원센터에서 연구원 생활을 한 뒤, 사회주택협회 사무국장, 서울협치지원관을 거쳐, 지금은 토지+자유연구소 산하 시민자산화지원센터의 센터장을 맡고 있다. 공유지로서의 도시, 시민이 주인이 되는 도시를 꿈꾼다.

- -

커먼즈

'커먼즈(commons)'라는 단어가 최근 심심치 않게 등장하고 있다. 커먼즈는 공유지, 공유재, 공유 자원 등으로 조금씩 다르게 해석되는데, 데이비드 볼리어[1]의 『공유인으로 사고하라』를 보면, 커먼즈를 공동의 가치와 정체성을 보존하는 자원을 장기적으로 관리하기 위한 사회적 시스템, 공동체가 시장이나 국가에 의존하지 않거나 최소로 의존하며 관리하는 자기 조직적 시스템으로 정의한다. 또, 우리가 물려받거나 함께 생산하여 더 발전시키거나 줄어들지 않은 상태로 자손에게 물려주어야 하는 부, 곧 자연의 선물, 시민 인프라, 문화 작품, 전통, 지식 등으로 정의한다.

　　　도시 자체가 커먼즈라고도 말하는데, 도시 커먼즈는 우리 의지와 상관 없이 잃어가는, 함께 지켜내야 하는 것들이다.

1　　데이비드 볼리어(David Bollier)는 1990년대 후반부터 작가, 정책 전략가, 국제 운동가, 블로거로서 폭넓게 공유[재]를 탐구해 왔다. 열두 권의 책에 저자 또는 편저자로 참여했는데, 그 중 여섯 권은 공유[재]에 관한 주제를 다룬 책이다.

그 속에는 물적·유형적 커먼즈도 있지만 관계라고 하는 커먼즈도 있다. 『The City as Commons: A Policy Reader』[2]에서는 소유도 중요하지만 사람들 사이의 협동과 관계를 만들어가는 것을 커먼즈라고 한다.

대부분 자연 자원, 물, 공기, 숲 등을 커먼즈로 인식하지만, 커먼즈는 그렇게 보여지는 단순한 자원을 넘어서 공동체와 관리에 관한 규칙이 더해진 것이다. 대표적인 도시 커먼즈로는 공원, 도로, 기반 시설이 있는데, 우리는 이 시설들을 이용하면서도 그곳이 어떻게 관리되고 운영되는지는 잘 모른다. 공동체성을 느낄 수 있는 여지도 많지 않다. 중요한 것은 커먼즈의 목적을 생각해서 공평한 접근과 이용, 지속 가능성을 기준으로 삼아야 한다는 점이다.

커먼즈는 도시에서 시민으로서의 권리, 참여를 이야기할 때 정당성을 부여할 수 있는 근거가 된다. 일상에서 커먼즈가 별로 없다고 생각하는 순간 참여의 동력이 사라지고, 시민으로서의 권리를 주장하기가 애매해진다. 시민이 도시의 주인이라는 인식을 갖기 위해서는 정부에서 커먼즈가 무엇인지 시민이 알고 경험하게 해주어야 한다.

그런 측면에서 서울이라는 도시에서 내가 인식하고 있는 커먼즈가 무엇인지 떠올려 보면 막연하다. 다행히 커먼즈의 이용을 넘어서 기획, 관리, 실행하는 기회를 시민에게 부여하는 시대로 점차 변하고 있다. 노들섬이 그 예다. 시민들에게 아이디어를 공모해 활용 방안을 제안받고, 1등 팀에게 설계부터 운영까지 하는 기회를 줬다. 그 과정에 여전히 한계는 있었지만 긍정적인 시도였다.

2   31명이 기고한 34개의 글을 에디터 José Ramos가 엮은 책이다.

- -

시민 자산화

시민 자산화는 공유재를 함께 만들기 위한 것으로, 미래에 성공, 발전할 수 있는 경제적 가치가 있는 유무형의 자산을 시민이 소유하는 것을 말한다. 공유의 시대, 4차 산업혁명이 일어나고 있는 시대에 왜 소유를 이야기하는 것일까? 우리가 소유하려고 노력하지 않아도 이미 주어진 것이 많은데 왜 자산을 소유해야 할까?

우리는 시민이 주인인 도시를 이야기하지만, 여전히 공공과 시장이라는 두 개의 큰 축이 우리 사회를 움직인다. 시민, 나 또는 지역 마을, 공동체 등 제4섹터로 불리는 영역은 여전히 주인 행세를 하기 버겁다. 여러 이유가 있지만, 무엇보다 우리 스스로가 가진 것이 없어서다. 공공과 시장의 것, 국유화된 것과 사유화된 것은 있지만, '우리의 것'은 없다. 국가의 것이나 사유화된 것을 빌리거나 위탁을 하다 보니 민관이 같이 일할 때 시민은 '을'이 되는 구조다. 이것이 지속되면 힘이 빠진다. 시민이 진짜 주인이 되려면 구조화가 필요하고, 그래서 시민 자산화를 이야기하는 것이다. 시민 자산화를 위해서는 시민 혹은 주민 참여가 이루어져야 한다. 행정학에서 주민 참여의 정점은 거수와 투표로 의견을 표현하는 것이다. 시민에게 참여의 기회를 부여하는 정책은 있지만, 실제로 시민이 컨트롤하는 단계까지 가지는 못한다. 시민과 지역의 소유권(ownership)이 형성되지 못했기 때문이다. 이는 커뮤니티에 남겨진 과제다.

시민이 소유권을 갖는 자산화에서 소유자는 우리가 경험했던 나쁜 소유자가 아닌 청지기[3]적 소유자로, '만들어 내는' 소유자를 말한다. 이는 마조리 켈리[4]가 『그들은 왜 회사의 주인이 되었나』에서 주창한 기조다. 우리가 아는 대부분의 회사는 사원의

---

3 청지기(steward)란 소유가 자기 것이 아닌 것을 맡아서 관리하는 사람을 말한다.

회사가 아닌 사장의 회사다. 이 책에서는 사원의 회사, 종업원이 지주인 사례를 소개한다. 실제로 종업원이 주인이 되니 조직에 더 헌신하게 되었다. 오토 샤머[5]의 『본질에서 답을 찾아라』에서도 4.0의 시대를 4차 산업혁명이 아니라 국가, 시장, 사회적 영역의 공동 창조 시대로 본다. 4.0 체제로 가고 있는 것을 가로 막고 있는 8개의 버블 중 소유권 버블이 있는데, 사유화가 극대화되어 있는 상태에서는 4.0의 시대로 넘어가기 어렵다고 말한다. 4.0의 시대로 가려면 공동 소유의 구조를 만들어야 한다고 주장하면서, 피터 반스[6]의 『Capitalism 3.0』(2006)을 인용해 공유에 기초한 재산권이 필요하다고 하고 있다. 그동안 소유 구조를 국가와 시장 중심으로 사고했다면, 이들 책에서는 국가와 시장을 뛰어넘는 공유를 이야기하고 있다. 국가가 소유할 때는 혜택이 정부로 가고, 개인이 소유할 때는 혜택이 개인한테 돌아가지만, 공유의 경우는 시민 배당금이 지불된다. 그래서 공유에 기초한 재산권의 중요성을 강조하면서 소유 방식에 대한 다양한 대안을 이야기하고 있다.

  네그리[7]와 하트[8]도 비슷한 이야기를 한다. 자본주의냐 사회주의냐의 양자 택일 외에 다른 것이 없다고 생각해 왔는데, 결국 둘 다 공동의 것을 배제하고 파괴하는 소유였던 것이다. 그래서 국가와 시장, 자본주의와 사회주의를 뛰어넘는 공동의

---

4 마조리 켈리(Marjorie Kelly)는 『주식회사 이데올로기(The Divine Right of Capital)』의 저자이자, 보스턴에 위치한 35년 역사의 비영리 연구 및 컨설팅 조직 텔러스 연구소(Tellus Institute)의 일원이다.

5 오토 샤머(Otto Scharmer)는 독일 비텐-헤르데케대학에서 경제학 및 경영학 박사학위를 받았다. MIT대학 부교수로 재직 중이며, 베이징 소재 칭화대학교의 초빙 교수이기도 하다. 현재 세계경제포럼의 새로운 리더십 모델에 대한 글로벌 어젠다 위원회의 부의장직을 맡고 있다.

6 피터 반스(Peter Barnes)는 자본주의의 문제점과 그 해결책을 찾는 데 천착해 온 저술가이자 기업가다.

소유 구조를 만들어 내고, 시민이 주인이 될 수 있는 공유재 관리에 적합한 집단 자치 형식을 발명할 것을 주장한다. 이를 위해서는 지역 커뮤니티 오롯이 지역 소유권에 기반한 경제 파급력을 증대시켜야 한다. 또한 지역 발전을 위한 재생이나 개발 사업을 할 때 커뮤니티에서 소유권을 갖도록 해야 한다. 무엇보다도 공동체의 부를 창출하는 과정에서 마지막 바통을 이어받는 주체가 지역 공동체여야 하고, 지역 공동체는 바통을 이어 받아 계속 경주를 할 수 있는 역량이 있어야 한다.

최근 포드(Ford)나 나이츠(Knight)를 비롯한 미국의 큰 다섯 개 문화 재단이 모여 도시 공유재를 재구성해 보자는 'Reimagining the Civic Commons' 프로젝트를 진행하고 있다. 공원, 도로, 보행로 등은 행정 차원에서 관리가 버거운데다 사람들이 함부로 사용하거나 관심 자체가 없다. 이 프로젝트는 다섯 개 도시에 150−200억 원을 지원해서 기획자나 플래너들에게 공유재를 인식하는 프로그램을 만들게 하고 있다. 이들이 강조하는 첫 번째는 시민 참여다. 사람들이 공유된 공간 속에서 평등함을 느낄 때 공동체성이 형성되고 진정성 있는 참여가 가능해지며 타인에 대한 이해심도 커진다. 두 번째는 경제적 통합이다. 시민 자산을 공유하면 지금 세대뿐만 아니라 다음 세대에도 경제적 기회를 향상시킬 수 있다. 세 번째는 환경적 지속성으로, 도시에서 환경적, 생태적 지속 가능성을 확인하는 것이다. 마지막은 가치 창조로, 커먼즈가 구현한 가치를 도시에서 다시 느끼는 것이다.

7   안토니오 네그리(Antonio Negri)는 이탈리아 파도바 출신의 윤리·정치 철학자로, 파도바대학의 정치학 교수를 지냈다. 학계에서 그의 제자인 마이클 하트와 함께 쓴 『제국』과 그의 스피노자에 대한 독해로 유명하다.

8   마이클 하트(Michael Hardt)는 1990년 워싱턴대학에서 박사학위를 받았고, 현재는 미국 듀크대학의 문학과 소설 연구 학부의 교수로 있다.

공유재의 사례들

우리는 그동안 공유라는 것을 일상에서 많이 경험해 보지 못했고, 공유재를 만든다는 것도 엄두를 내지 못했다. 함께 소유하고 관리하는 공유재라는 선택지 자체가 없었다. 공유에는 민과 관이 협력하는 형태, 지역 공동체나 시민이 주도하는 형태, 시민과 민간 영역이 협력하는 형태 등 여러 유형이 있다. 그 사례를 소개하고자 한다.

민관이 협력한 예로는 프랑스 파리의 세마에스트 (SEMAEST, 거리활성화정비국)를 들 수 있다. 세마에스트는 파리의 정체성을 지키고 문화를 보존하기 위해 민관이 같이 출자해서 만든 준공공회사다. 보호 조치가 필요한 건물 1층 상점과 토지를 매입해 영세 자영업자에게 적정 가격으로 임대해 주는 등 사라져 가는 동네 상권을 보호하는 역할을 하고 있다. 파리 시내에 8천 개 정도의 상점을 보유하고 있다.

에이미 코티즈[9]의 『로커베스팅(Locavesting)』에는 없어지면 안 되는 자산과 공간을 유지하기 위해서 지역에서 적극적으로 투자해 자산화한 사례들이 나온다. 그중 하나는 서점을 살린 사례로, 동네 아주머니와 아이들의 추억이 쌓인 동네 서점이 사라지는 것을 안타까워한 주민들이 돈을 모아 서점을 인수하고 마을 서점으로 만들었다. 빵집을 살린 사례도 있다. 경찰관들이 아침마다 커피와 빵을 사서 출근하던 빵집이 사라질 위기에 처하자 경찰관 아홉 명이 돈을 모아 경찰관이 운영하는 카페로 만들었다. 100년 이상 자리를 지키던 빵집이라 지켜야 할 명분이 더 분명했다. 이를 통해 지역 주민들은 지역

93

---

9   에이미 코티즈(Amy Cortese)는 '로커베스팅'이라는 단어의 창시자이다. 월가의 거대 자본이 붕괴된 지난 2008년, 『뉴욕타임스』에 기고한 지역 투자에 관한 글이 화제가 되면서 책을 쓰게 됐다. 경제와 경영, 식품과 환경 문제 등 각기 다른 분야의 주제를 통섭하여, 서로 복잡하게 얽혀 있는 우리 주변의 사회 현상을 날카롭게 분석하는 글을 쓰고 있다.

경제가 다시 살아나는 것을 경험했다. 지역 재료를 사용해 지역 내 소비를 활성화시켰을 뿐만 아니라, 지역 일자리를 창출하는 효과도 냈다. 실제로 60여 개의 일자리가 생겼다. 이 빵집은 이제 매년 5만 명이 찾는 핫플레이스가 됐다. 공통의 필요로 등장한 커먼즈들이다.

지역개발신탁(Development Trust) 역시 지역 공동체가 주도하는 사례다. 영국 내 750개 정도의 조직이 커뮤니티 단계에서 커먼즈를 만들기 위해 노력하고 있는데, 이들을 통칭해 지역개발신탁이라고 한다. 이들은 커뮤니티 소유에 기반해 지역 재생을 하는데, 지역 자산을 공동체적으로 소유하고, 공유에 기반해서 사업을 한다. 그 과정에서 시민이 목소리를 내고 컨트롤할 수 있게 된다. 커먼즈는 단순한 공동 소유가 아니라 관리와 관계성까지를 포함하는 것이다.

시민이 주도한 예로는 공동체토지신탁(Community Land Trust, CLT)이 있다. 공동체토지신탁은 비영리성이 강한 지역 기반의 커뮤니티가 신탁[10] 방식으로 땅을 묶어서 영구적으로 소유하고 관리하는 것이다. 커뮤니티 구성원들이 자신이 소유한 땅 위에 집, 상점, 커뮤니티 시설 등 원하는 건물을 올리고, 가격, 임대료, 용도를 결정한다. 운영 원리는 민간 영역에 집을 공급하는 방식에 있어서 땅의 개발 이익을 최소화하면서 생기는 여유분을 커뮤니티를 위해서 쓰는 것이다. 미국에 260여 개, 영국에 100여 개의 CLT가 있는데, 버몬트 벌링턴에 있는 미국 최대의 CLT 챔플레인하우징트러스트(Champlain Housing Trust, CHT)는 2천 개 정도의 집과 상점을 보유하고 있다. 주로 아래층은 상가, 위층은 주택으로 임대해 주는데, 여기서 생기는 임대료를 지역을 위한 부동산을 확보하는 데 사용한다. 이때 토지를 소유하고

---

10 신탁은 신뢰할 수 있는 자로 하여금 일정한 목적에 따라 재산을 관리, 처분하도록 하기 위하여 재산을 이전시키는 것을 말한다.

있는 공동체에만 이익이 돌아가는 것이 아닌지에 대한 염려가 있다. 그 점을 걱정해 지역에서 거주하고 있는 사람들뿐 아니라 다른 지역의 주민과 전문가를 포함한 이사회를 구성했고, CLT의 이익이 지역 거주자만을 위해서 사용되지 않도록 하고 있다.

　　　CLT의 효과와 긍정적인 부분이 입증되다 보니 캐나다 벤쿠버에서도 공동체 시스템을 이용해 주택 공급에 활용하는 조직의 사례가 나오고 있다. 이 조직은 자산을 기반으로 수익을 내고, 이를 바탕으로 지역 사회 이익에 기여하는 활동을 한다. 지역 기반의 개발 조직을 CDC(Community Development Corporation)라고 하는데, 최근에는 재생 사업을 하면서 CDC나 CIC(Community Interest Company)를 이야기한다. CDC와 CIC는 지역 사회를 위한 다양한 사업을 하는 데 있어서 공동체의 역량이 매우 강화되어 있는 케이스다. 지역 주민이 의사 결정 주체로서 재생 사업을 하거나, 지역 청년을 위한 일자리를 만들고 교육 사업을 한다. 이들이 성장해서 3−5천 개 정도의 조직이 지역 단위로 퍼져 있다. 집을 짓고, 상가를 임대하고, 투자도 하는데, 이런 비영리 조직은 자산을 기반으로 지역을 활성화하고, 그 과정에서 발생할 수 있는 젠트리피케이션도 막는 등 여러 가지 긍정적인 효과를 주장한다.

　　　시민과 민간 영역이 협력한 사례로는 마켓크릭플라자 (Market Creek Plaza)를 들 수 있다. 이 사업을 추진했던 제이콥스 재단(Jacobs Family Foundation)의 제이콥스(Joe Jacobs)는 샌디에이고 다이아몬드 지역에 버려져 있던 2만 평 규모의 비행기 부품 공장을 쇼핑몰로 만들 계획을 세웠다. 지역 주민이 원하는 여러 가지를 담기 위해서였다. 쇼핑몰을 만들기 위해 마켓크릭파트너스 재단을 만들어 60%의 지분을 넣고, 네이버후드유니티 재단을 설득해 20%의 지분을 넣도록 했다. 나머지 20%는 지역개발주식공모를 통해 지역 주민 투자자를 모아 마련했다. 이는 나중에 쇼핑몰 소유권을 지역 주민에게 완전히 이전해 지역 자산화를 만들기 위함이었다.

95

이 지역은 이민자들과 사회적 약자들이 많이 모여 살았다. 그래서 주식 투자를 이해하는 주민을 찾기도 쉽지 않았다. 재단은 주민들에게 설명회를 열어 세 달 동안 교육을 해가며 주민 투자자를 모았다. 2006년 7월부터 10월까지 415명의 투자자를 모집했고, 이들이 최소 200달러에서 최대 1,000달러까지 투자할 수 있도록 했다.

마켓크릭파트너스 재단과 몰의 시설을 관리하기 위한 다이아몬드 매니지먼트를 만들어 사회적 기업화하고 50% 이상을 지역 주민으로 우선 고용했다. 이 기업의 역할은 공사가 완료된 2008년부터 10년 동안 주민을 대신해 몰을 직접 운영하면서 나중에 주민들이 몰을 운영할 수 있는 역량을 갖출 수 있도록 리더십과 오너십을 교육하는 것이다. 주민을 단순 주주로 참여하게 하는 것이 아니라, 진짜 주인이 되는 준비를 도와주었다.

마켓크릭플라자를 8년 동안 운영하고 주민 투자자들에게 배당이 시작됐다. 주민 입장에서는 신기한 경험이었을 것이다. 받은 배당은 모두 일자리 훈련과 주민 고용 등 지역 사회를 위해서 쓰였다. 이 프로젝트를 시작한지 10년이 되는 2018년부터는 개발 회사에 있었던 지분에 대해서도 지역 주민의 투자가 가능해진다. 최종 목표는 모든 회사의 주식을 지역 주민이 소유하게 하는 것이다. 이들은 자신들의 사례를 담은 연간 리포트를 통해 시민 자산을 만들어야 하는 이유를 지속적으로 이야기하고 있다.

이런 사업에서 프로젝트와 지역 구성원을 연결해 주는 핵심 고리가 바로 시민 자산이다. 시민과 주민의 권리를 생각해서 커먼즈를 만들면 진짜 권리가 발생된다. 지역 자산을 만들면 자연스럽게 공동체와 개발이 연결된다. 지금 수많은 재생 사업이 이루어지는데, 개발 사업이 이루어지면 주민이 쫓겨난다. 쫓겨나지 않는다고 해도 들여다 보면 사업 따로, 주민 따로다. 다이아몬드 지역의 주민은 주주로 들어와 운영에 참여함으로써 계획, 실행, 소유의 권리를 가졌다. 만 명이 넘는 사람이 계획 수립 과정에 참여했다. 간단한 부동산 개발 사업의 구조 속에 주민이

들어감으로써 의미 있는 재생을 이뤄냈다.

2011년도에 시작한 노스이스트 투자협동조합(NEIC, North East Investment Cooperative)은 지역 주민이 주도해 만들었다. 메인스트리트에 빈 점포가 늘어나는데 활용되지 못해 거리가 낙후되고, 부동산 가격이 떨어지자 지역 주민 스스로 뭔가를 해보자고 39명의 설립자가 모였다. 스스로 건물 주인이자 투자자가 되기 위해 출자하여 부동산을 소유하고 재생하는 협동조합을 만들었다. 건물주가 지역 주민으로 구성된 협동조합인 것이다. 운영 구조는 이렇다. 출자금 100만 원씩을 낸 조합원들은 1인 1표의 의사 결정권을 부여 받는다. 협동조합은 함께 소유할 부동산을 찾아 리모델링하고, 지역 기업에 적절한 임대료를 받고 공간을 빌려준다. 여기서 받은 임대료는 그대로 지역 협동조합의 수입이 되어 다시 지역에 재투자되고 조합원들에게 배당된다. 매입한 건물을 리모델링 해 펍(pub), 자전거 수리점, 빵집 등 지역을 기반으로 한 상점을 입점시켰다. 현재는 조합원 수가 240명이 되었고, 2015년에는 처음으로 순수익이 발생했다.

- - - - - - - - - - - - - - - - - - -
한국의 현주소

최근 재생이 뜨거운 이슈다. 문재인 정부는 부동산 투자 신탁 방식을 통해서 연간 10조 원씩 재임 기간 5년 동안 50조 원을 투입한다고 했다. 이 부동산 투자 신탁은 리츠[11]를 말하는 것으로,

---

11   리츠(REITs, Real Estate Investment Trusts)는 소액 투자자들로부터 자금을 모아 부동산이나 부동산 관련 대출에 투자하여 발생한 수익을 투자자에게 배당하는 회사나 투자 신탁이다. 주로 부동산 개발 사업·임대·주택저당채권 등에 투자하여 수익을 올리는 상품이다. 부동산 개발을 통한 수익을 다수가 공유하기 위하여 소액 투자자들에게도 참여 기회를 부여하고 사업 주체는 개발 자금을 다수로부터 확보하여 추진 동력을 갖춘다는 점에서 효과적인 수단으로 볼 수 있다.

리츠는 부동산 개발을 통한 수익을 투자자들에게 나눠주는 것을
전제로 한다. 리츠의 대상이 되는 프로젝트성 사업은 단기간에
개발해서 팔고, 그 수익을 나누고 해산한다. 그리고 또 다른
사업에 다시 리츠를 만들고 개발하고 해산하는 구조다. 도시
재생에 이런 구조의 리츠가 들어오는 것은 매우 우려되는 일이다.
만약 공공이 재생 사업에 대규모로 투자한다면 마켓크릭플라자와
같은 사례를 참고했으면 좋겠다.

　　　앞선 사례들은 오랜 일상의 훈련과 제도적 기반이
뒷받침되어 등장한 것이다. 우리의 커먼즈에 대한 준비나
이해는 성숙한 단계가 아니다. 주거환경관리사업으로 서대문에
커뮤니티센터를 지었는데, 성급하게 시민 자산화를 했다가
관리와 운영을 못해서 건물 문을 걸어 잠그는 것을 보았다.

　　　우선은 현실적으로 우리가 지금 하고 있는 것부터 더
잘할 필요가 있다. 공유 오피스, 유휴공간, 또는 위탁받거나
임대받은 지역의 자산을 제대로 운영, 관리해서 지속성을
만들어 낼 수 있는 역량을 키우고, 그 과정에서 사회적 신뢰를
쌓아야 한다. 그리고 나서 조금 더 적극적인 자산화를 시도하는
단계로 넘어가야 한다. 공동의 자산을 만들어 낼 수 있도록 투자
플랫폼을 구축하고, 그로부터 민간 거버넌스를 도출해 내야 한다.
지속 가능하고 공정한 결과물을 만들고, 현재의 한계를 극복하기
위해 필요한 기반이다.

　　　서울과 수도권은 이미 땅값이 오를 대로 올라서 공간을
확보해 자산화하는 것이 불가능하다. 자산화가 필요하다는
절박함이 있다면 공공과 시민이 긴밀히 협력해야 한다. 투자와
기금 활용 방안을 다양하게 고민해 볼 필요도 있다. 대상지가
생기고 참여할 주체가 정해지면 추진 방식이 조금씩 구체화될
것이다. 구조가 명확해지면 주민이 투자자나 기부자가 되고,
공공과 사회의 기금이 들어올 수 있다. 지금으로서는 앞선
사례들처럼 다양한 모델이 구축될 수 있다는 가능성만 논의해 볼
수 있다.

커먼즈는 그 자체가 공동체(commune)로,
'commune'의 어원은 라틴어 'cum'과 'munus'이다. cum은
함께 혹은 서로 간에, munus는 '선물'을 의미한다. 즉
공동체(community)는 '서로 간에 주는 것'이다. 선물을 받으면
그에 응당한 책임도 져야 한다. 커먼즈는 우리 것만이 아니라
우리가 잘 만들어서 가치를 훼손하지 않고 물려줘야 할 자원이다.
공동의 자원을 만들 수 있다는 인식이 우리의 사고와 태도를
조금이나마 변화시키는 중요한 기폭제가 되기 바란다. 기존에
짜여 있는 구조 속에서 끌려다니지 말고, 때로는 협력할 사람을
찾아서 함께 도전하며 작은 꿈이라도 꾸었으면 한다.

공유와 혁신:
미래를 상상하는 새로운 패러다임

전효관

서울시 혁신기획관. 공무원이 된 지 3년 6개월이 되었다.
박사학위 논문을 쓰고 나서 4년마다 직업을 계속 바꿔왔는데,
가장 오래 일했던 기간이 4년으로, 지금이 일곱 번째 직장이다.
박사학위 논문을 마치고 1999년 하자센터를 맡았다.

- -

하자센터부터 청년허브까지

1999년 하자센터를 맡으면서 청소년 문제와 마주하게 되었다.
학교를 그만두고 나와서 무언가를 해보겠다는 청소년을 이해하는
것에서 출발해야 했는데, 처음에는 그들의 사고나 행동이 잘
이해되지 않았다. 그런데 시간을 두고 보니 특정한 맥락에서
아이들이 다르게 성장한다는 것을 알 수 있었다.

　　　4년간 하자센터를 운영하면서 본 것은, 정부에서 괜찮은
정책이 만들어져도 전달을 거듭해 현장에 도착하면 엉망이
되곤 하는 일들이었다. 하자센터에서 여러 가지 시행착오를
겪으면서 정부 정책 프로세스를 관리해 주는 회사가 필요하다는
생각을 하게 됐다. 주변의 긍정적인 반응에 힘입어 하자센터에서
나와 회사를 차렸다. 그런데 한국 행정 문화에서는 할 수 있는
일이 없었다. 결국 이런저런 다른 일을 하다가 전남대학교
문화전문대학원에서 특채 교수로 학생을 가르치게 됐다.

　　　학교에 돌아가 보니 3, 4학년 학생 중 75% 정도가
공무원 시험 공부를 하고 있었다. 공무원 시험이 그렇게
다양한지도 그때 처음 알았다. 국립대학교는 정부 예산을

투입해 운영을 하는 곳인데, 대다수 학생이 공무원 시험 공부를 하고 있는 것을 보고, 한국 사회가 진짜 심각한 국면으로 가고 있다는 것을 실감했다. 공무원 시험이 어려워지니 공무원 시험을 준비하는 사람이 도시마다 차곡차곡 쌓여서 하나의 사회 문제가 되어 있었다. 대학생이 실업자가 될 가능성이 높은데 학교에서 그 문제를 다루지 않는 것도 이상해 보였다. 문제를 풀지 못할 수도 있지만, 문제를 어떻게 풀지에 대한 논의의 틀이 없었다. 이렇게 이상하게 운영되는 시스템이 세상에 또 있을까 하는 생각마저 들었다. 대학 교수 4년 동안 광주문화도시사업의 PM과 문화도시위원회 위원을 맡고, 문화도시만들기에 바쁜 시간을 보냈다. 그 과정에서 지역 사회와 같이 일하는 것이 얼마나 어려운 일인지 경험했다. 한국 사회가 좋은 방향으로 바뀔 수 있을지에 대한 회의감마저 들었다.

　　　대학을 그만두고 다시 하자센터로 돌아왔다. 하자센터에서는 무언가를 시작하면 사회적으로 확산될 것이라는 생각해서였다. 그렇지만 현실은 달랐다. 처음 하자센터를 시작했던 1999년에는 청소년 중에서도 특정한 영역에 굉장한 집중력을 보이는 똘똘한 아이들이 있었다. 그런 친구들이 있을 거라 기대했다가 하자센터도 7년의 세월만큼이나 많이 변해서 적잖이 충격을 받았다. 예전에는 학교 문제를 이야기하고 문화 산업에 대한 가능성을 생각했다면, 이제는 '나도 부모도 선생도 모두 불쌍하다'는 식의 저에너지 상태의 청소년이 많아졌다. 에너지가 급격하게 떨어지는 방향으로 변화가 일어나고 있었다.

　　　박원순 시장이 서울시정을 맡게 되면서 서울시의 취업, 창업 정책을 같이 이야기해 보면 좋겠다고 생각했다. 당시 서울시가 하는 일은 구인자와 구직자를 연결시켜 주고, 창업 시 공간을 지원해 주는 것 외에는 없었다. 구직에 목말라 있는 청년의 취업을 도와주기 위해 TF를 꾸려서 '청년허브'를 만들자는 제안을 했다. 청년들이 열망을 갖고 계속 도전할 수 있도록 지원하고, 그 안에서 네트워크도 형성할 수 있게 하면 좋겠다는 생각이었다. 기존 시스템에서는 무언가를 시도하는 것 자체가 어려웠기 때문에 작은 모임들이 생겨나고 있었는데, 그런 모임들이 잘 유지될 수 있도록 대학생들이 쉽게 올 수 있는 카페를 크게 만드는 것이 콘셉트였다.

서울시에 사업계획서를 제출하고 우여곡절 끝에 청년허브를 만들었다. 내가 알던 것보다 청년들의 창업 모임이 폭넓게 퍼져 있고, 서로 네트워크를 형성하고 있는 것을 보게 되었다. 현재 청년허브는 청년 정책의 수립을 위한 연구, 자료 및 정보 조사, 청년 활동 지원, 능력 개발 및 인재 육성을 위한 교육, 일자리 진입을 위한 사업 지원, 주거 안정과 부채 경감 지원, 문화 활성화 지원 등을 수행하고 있다.

- - - - - - - - - - - - - - - - - - - -
저성장 사회의 공동체

서울이라는 도시를 왜 이렇게 만들었는지에 대해 불만이 많았다. 그러다 나이가 지긋한 공무원의 이야기를 듣고 설득당했다. 건축직으로 오래 일한 분이었는데, 한창때 서울 인구가 1년에 30만 명씩, 10년 동안 350만 명이 늘었다고 했다. 한 달에 만 명 넘는 사람이 서울로 올라오다 보니 그들이 살 곳을 어딘가에 만드는 것이 그때 서울시에서 해야 하는 일이었다. 그런 상황에서는 도시 경관, 쾌적성 같은 이야기는 들리지 않았을 것이다. 한 달 사이에 늘어난 만 명 넘는 사람을 어디가 됐든 살게 하는 사람이 가장 유능한 공무원이었을 것이다. 그렇게 만들어진 서울이라 지금 와서 보면 사람이 사는 곳에 이런 것도 안 만들어 놓았을까, 공원은 왜 이렇게 적나 하는 생각을 하게 되는 것이다.

지금은 다행히 서울 인구가 줄고 있다. 한 도시의 적정 인구가 있다고 생각하는데, 어떤 식으로 추산하더라도 서울은 적정 인구를 초과했다. 인구가 지나치게 많다 보니 도시 안에서 갈등이 빚어질 수밖에 없다. 가장 큰 갈등은 재개발, 재건축과 관련된 것이다. 몇 년 전까지 서울에 600개가 넘는 뉴타운, 재개발 예정 지역이 있었다. 시세 차익을 취하려는 사람들이 뉴타운을 만들었다. 그렇게 뉴타운이라는 비행기를 만들었는데, 이륙하고 나니 내릴 곳이 보이지 않았다. 그 안에서 조그만 섬에라도 내릴 것인지 끝까지 타고 가다 죽을 것인지를 선택해야 했다. 뉴타운을 해제하자는 주민들과 더 기다려 보자는 주민들 간의 갈등이 격화되었다. 비행기를 띄웠던 욕망이 헛된 욕망이었음을 알게 돼야 갈등이 진정될 것이다.

지금 와서는 옛 도심을 개발하지 않고 놔뒀으면 세계적인 관광지가 되었을 것이라고 푸념하는 사람이 많다. 외국에 가 보면 안은 그대로 보존하고 밖만 개발하는 도시들이 있다. 하지만 그렇게 하기에 우리 도시는 이미 너무 많이 와버렸다. 앞으로 한국 사회는 과거와 같은 고성장을 하기 어렵고, 저성장 체제가 구조화될 것이다.

2016년 7월 맥킨지 보고서에 의하면 이제 부모 세대보다 가난해지는 첫 세대가 출연한다고 한다. 17개 선진국의 경제 지표를 분석한 결과, 저학력자와 젊은 층에서 소득 감소 현상이 집중적으로 나타났다. 한국 사회는 이 문제가 더 심각하게 나타날 수 있다. 양극화도 문제지만, 기회 자체가 상실되는 것이 더 큰 문제다. 청년층을 상대로 한 설문조사를 보면 이민가고 싶다고 답한 비율이 88%에 이른다. 실제로 특정 기술직에 종사하는 사람은 해외로 많이 나가고 있다. 한국에서 탈출 러시가 벌어지는 이유는 현재의 삶이 힘들기도 하지만, 앞으로에 대한 기대가 없기 때문이다. 예전에는 외국 유학을 가는 것이 한국에 돌아와서 뭔가를 하기 위함이었지만, 지금은 그렇지 않다. 부모들도 웬만하면 가서 돌아오지 말라고 한다. 한국 사회가 나아지고 조금 더 좋은 사회가 될 것이라는 기대가 점점 낮아지고 있다.

우리는 극단적으로 개인화된 사회에 살고 있다. 유럽 국가에는 지역 단위 유니언(union)의 흔적이 많이 남아 있지만, 한국에서는 사라진지 오래다. 서울에 협동조합형 주택을 짓자고 하는 사람은 많지만 지을 만한 땅이 없다. 외국에는 공유

103

자산화된 땅이 있어서 공익 사업을 시도하지만, 한국에서는
조금 남아 있는 유휴지 몇 곳에 지어야 해서 마땅치 않다. 결국
커뮤니티가 없는 곳에서 유럽보다 훨씬 더 개별화되고 원자화된
존재로 살고 있는 것이다. 외국의 사회적 기업은 유니언이 커지면
그것이 전국적인 사업망을 갖게 되어 사회적 기업이 된다. 한국의
사회적 기업은 외부적으로 갑자기 만들어졌기 때문에 지역에
뿌리가 없다. 이런 현상은 서울에 국한되는 것이 아니다. 농촌에도
커뮤니티의 흔적이 남아있지 않다. 떠날 사람은 이미 다 떠났고,
그 안에서 사는 사람에게도 협동의 문화가 없다. 협력과 공유의
움직임이 거의 다 사라져 버렸다.

　　공동체는 우리가 관념 속에서 생각하는 것과 다르다.
공유 주거를 실제로 경험해 보면 같이 산다는 것이 쉬운 문제가
아니라는 것을 알게 된다. 아파트에 살면서 엘리베이터를
이용하다 마주쳐도 서로 인사를 하지 않는 것이 현실이다. 우리
사회의 관계 단절이 심각하다.

- - - - - - - - - - - - - - - - - - - -

전달 국가에서 관계 국가로

작년 영국에서 나온 「전달 국가에서 관계 국가로」라는 보고서를
보았다. 보고서에 따르면, 지금까지의 모든 국가는 '전달 국가'였다.
행정과 전문가가 모여서 정책을 만들고 국민에게 전달해 주었다.
우리가 이야기하는 복지국가는 잘 고안된 전달 체계다. 지금은
복지가 부족해서 복지의 양을 늘리는 것에 집중하고 있지만,
앞으로 개개인의 존엄이 지켜지는 복지로 어떻게 넘어갈 지가
화두가 될 것이다.

　　전달만 잘하면 되는데 무엇이 문제일까. 이 보고서는
사람들이 겪는 질병의 종류가 30년 전과 어떻게 달라졌는지를
일례로 보여준다. 30년 전에는 물리적인 질병이 대부분이어서
전달 국가를 잘 작동하면 해결할 수 있었다. 공공의료기관을 잘
만들고, 그 수를 늘려서 사람들이 공공의료시스템에서 벗어나지

않게 잘 관리하면 해결됐다.

그런데 최근 질병 통계를 보면 정서적 질병이 큰 부분을 차지하는 것을 알 수 있다. 우울함을 느끼는 것과 같은 문제가 심각할 정도로 많다. 그래서 자녀가 초등학교에 들어가면 휴직하는 엄마가 많다. 아이가 학교를 가면서 관계 형성에 어려움을 겪기 때문이다. 이러한 정서적 질병은 의료기관을 확충하는 것만으로는 해결할 수 없다. 좋은 이웃과 살면 행복감이 높아진다는 최근 통계가 있는데, 그런 좋은 이웃을 공공의료기관이 만들어 줄 수는 없다. 좋은 이웃을 만들 수 있도록 주민이 참여하는 문화 형성 지원 같은 일을 빼고는 그런 질병 문제에 접근하기가 어려워졌다. 위에서 전달만 잘하면 국가가 잘 돌아갈 거라는 가정이 현실 문제에 맞지 않게 된 것이다.

집도 마찬가지이다. 최근 서울시 주거정책에 대해 청년들과 간담회를 했는데, 아무 데나 공공이 임대주택을 지어서 살게 하는 것이 문제라는 이야기를 들었다. 예전에는 임대주택 자체가 부족해서 가구 수를 늘리는 쪽으로 접근을 했지만, 지금 사람들이 필요로 하는 것은 그런 것이 아니다. 내가 좋아하는 것을 주변에서 할 수 없고 커뮤니티 시설이 없다면, 즉 주거 환경에서 당연히 필요한 것들이 내가 사는 주변에 없다면 만족하지 못할 것이다.

이런 변화는 새로운 방법을 필요로 한다. 그중 하나가 공동의 해결 방법일 수 있고, '공유 도시'라는 개념을 통해 생각해 볼 수 있다. 공유 경제는 물품을 소유의 개념이 아닌, 서로 대여, 차용해 쓰는 개념으로 인식하는 경제 활동을 말한다. 우버(Uber)와 에어비앤비(Airbnb)는 이런 공유 경제를 이야기하며 등장한 기업으로, 지금은 어마어마한 부를 축적했다. 에어비앤비는 호텔을 하나도 가지고 있지 않지만 힐튼호텔 같은 세계적 호텔 체인과 비슷한 경제적 가치를 갖게 되었고, 우버의 가치 총액은 삼성전자와 비슷한 수준이 되었다. 사람들이 자기의 것을 공동으로 사용할 수 있다는 생각이 이런 변화를 일으킨 것이다.

서울시의 공유 정책

공유 문화는 어렵다. 공유 도시의 가장 큰 이슈는 공간을
공유하는 것인데, 공간을 공적으로 공유한다는 것은 매우 어려운
일이다. 얼마 전 한강에서 치맥을 해도 되는지에 대한 토론이
라디오에서 벌어졌다. 청년허브를 운영할 때 청년 몇 명이 잠자는
곳이 있었는데, 거기다 세탁기를 설치해 달라고 했다. 청년허브를
잠을 자고, 세탁물을 넣어 놓는 곳으로 사용하는 것이 공공공간의
목적에 맞는 것일까. 여러분의 생각은 어떤가? 공공공간이
어디까지인지를 정하는 것부터가 어렵다. 공간을 공공의 성격에
맞게 사용하는 것은 어렵지만, 공간을 공유해야 한다고 생각하는
것은 매우 중요하다. 도시가 함께 사는 그릇과 같다고 생각을 하면
상당 부분의 문제를 해결할 수 있을 것이다.

　　동사무소(주민센터)는 공무원이 근무하는 곳으로,
공무원의 공간으로 인식되어 왔다. 주민이 동사무소에서
무엇인가를 하려면 허락을 구해야 했다. 요즘은 동사무소를
주민이 활용할 수 있는 공간으로 인식하면서, 공간을 개방해야
한다는 이야기가 나오고 있다. 주민들은 동사무소에 빈 공간이
많고, 주말에 사용하지 않기 때문에 개방해 달라고 하는데, 담당
공무원은 보안이나 안전에 대한 책임 문제를 고려해야 하는
입장이다.

　　풀어야 할 숙제는 공존하지만, 이런 시민의 요구가 반영된
공간은 계속 만들어지고 있다. 한 예로, 서울시청사 지하 1층의
경우 본래 계획했던 홍보갤러리 대신 시민청을 만들어 결혼식도
할 수 있는 공용공간으로 사용하고 있다. 동사무소에 남는 공간을
주민자치위원회에서 운영하기도 한다. 질병관리본부가 쓰던
부지를 서울시가 매입해 대학을 유치할 것인지 쇼핑몰을 지을지
논의하다가 건물을 리모델링해서 서울혁신파크를 만들기도 했다.
2016년 6월까지 누적된 통계를 보면, 서울시에서 개방하는
공공시설이 1,200개소다.[1] 우리가 잘 모르지만 찾으면 더 많은

공공시설과 공간이 공유되고 있을 것이다.

　　서울시 공유 도시 정책은 외국에서 더 유명하다. 그중에서도 외국 사람들이 관심 있게 보는 정책이 '한지붕 세대공감'이다. 이 사업은 집을 소유하고 있는 혼자 사는 노인이 청년에게 보증금 없이 주변 시세보다 50% 정도 저렴한 값에 빈방을 제공하는 것이다. 학생은 주거비 부담을 덜고, 노인은 고립감을 해소해 청년 주거와 노인 문제를 동시에 해결하겠다는 목적에서 시작됐다.

　　서울시 가구를 분석한 자료를 보면 큰 아파트에 노인 한 명만 살고 있는 경우가 많다. 무상급식은 한 사람에게 돌아가는 단위당 비용이 작기 때문에 보편화시키기 쉽지만, 주거 복지는 이야기가 다르다. 이것을 보편적 복지로 만들려면 큰 비용이 들어간다. 대부분의 청년은 주거비가 비싸니 공공아파트를 많이 지어달라고 하지만, 그러기엔 상황이 여의치 않다. 이런 문제를 한지붕 세대공감과 같은 정책으로 해결했으면 하는데, 아직 참여율이 저조하고 제도가 체계적으로 자리 잡지 못해 보완되어야 할 점이 많다. 젊은 세대와 노인 세대가 같이 살면 주거비 예산을 절감할 수 있다. 500가구가 한지붕 세대공감에 참여하면, 500명의 청년이 살 곳이 생기고, 500억 원 이상의 예산이 절약된다.

　　서울자전거 '따릉이'는 교통체증, 대기오염 문제를 해결해 시민의 삶의 질을 높이겠다는 취지로 도입한 공공자전거다. 엄밀히 말하면 공공서비스로, 중국에서 유행하는 공유 자전거와는 다르지만 취지는 비슷하다. 한편, 서울은 땅이 평평하지 않아 자전거 타기가 어렵다. 은평구나 성북구 같은 곳은 고개를 넘어 다녀야 한다. 공유 자전거 시스템이 발달한

1　　서울시와 25개 자치구는 2012년 7월부터 공공시설 내 강당과 회의실 등 716개 공간을 시민 누구나 이용할 수 있도록 단계적으로 개방해 왔다.

나라는 기본적으로 땅이 평평하다. 그럼에도 불구하고 따릉이 이용자(회원 가입자 기준)는 2017년 8월 기준으로 23만여 명으로 급증했다. 서울의 교통량을 줄이는 다른 방안으로 전기 자전거 시스템을 도입하거나 자전거 시스템을 다변화하는 것을 생각해 볼 수 있다. 특히, 아파트 단지가 많은 곳에 쇼핑몰을 세울 때, 쇼핑몰과 인근 아파트 사이에 자전거 시스템을 잘 만드는 것도 하나의 방법이 될 수 있을 것이다. 자전거 시스템을 도입해 건설 단계에서부터 주차 면적 등을 고려하고 이것을 어떻게 사회적 이익으로 환원시킬 수 있을지 여러 가지로 변형을 시도할 수도 있다.

'서울시 나눔카'는 언제 어디서든 필요한 시간만큼 편리하고 저렴하게 차량을 빌릴 수 있는 승용차 공동 이용 서비스다. 자가용의 급속한 증가로 인한 교통난과 주차난을 해결할 수 있는 방안으로 떠오르고 있다. 나눔카는 서울시에서 공공 인프라를 만들 때 나눔카의 주차면을 따로 만들어 이용자들에게 주차 공간을 공유해준다. 현재 세 개 업체(그린카, 소카[2], 에버온)가 서울시 나눔카 정책에 참여하고 있다. 2017년 8월 기준 회원 181만 명, 운영 지점 1,356개소로 차량 4,316대를 운영하고 있다.

우선 구역 주차제를 개선하는 정책 실험도 있다. 우선 구역 주차제는 5만원을 내면 구획된 파란 선 안에 주차를 할 수 있게 해주는데, 공공부지를 5만원에 독점하는 셈이다. 기존에는 이 구역이 비어 있을 때 다른 차가 주차하면 견인 조치되었다. 금천구 독산4동에서는 비어 있는 구역에 저녁 6시까지 누구나 주차를 할 수 있게 하는 정책을 시범 운영하고 있다. 서울시에서 주차 면을 하나 만드는 데 2천만 원의 비용이 든다. 공동 주차 면

2   공유 자동차 서비스 중 가장 많이 알려진 것은 소카(SOCAR)다. 소카의 기업 가치는 2,800억 원에 달한다. 계속 적자임에도 불구하고 사람들은 소카의 기업 가치를 높이 평가한다. 소카 이용자의 대부분은 20대 남성인데, 20대 남성에게 어필하고 있다는 것은 곧 그 수요가 확대될 것이라는 것을 의미한다.

몇 개를 확보하면 세금을 절약할 수 있을뿐 아니라 도시 공간의 효율을 높일 수 있다. 그동안 당연시 여겨온 거주자 우선 구역을 주민의 합의를 거쳐 리모델링하고 있다.

오래된 집이나 비어 있는 집을 빌려 개조해 저렴한 가격으로 재임대해서 공유 주택을 운영하는 '우주(Woozoo)', 취업 준비생에게 정장을 빌려주는 '열린 옷장' 같은 공유 기업도 생겨나고 있다. 소유의 관념에서 벗어나는 세대가 생기기 시작한 것이다.

- - - - - - - - - - - - - - - - - - - -

공유 사회를 향하여

서울시 공유 정책은 서울시가 정책 수단으로 여러 가지를 만들어 본 것이다. 앞으로는 도시에 공유지를 어떻게 넓히고 정보와 데이터를 공유해 어떻게 새로운 기회를 만들 것인지를 고민해야 할 것이다. 더 나아가 시민들이 공유 자산화를 하는 방안도 고민해야 한다.

최근에는 '공유 플랫폼 사업을 어떻게 공공화할 것인가' 라는 문제가 대두되고 있다. 공공 인프라를 어떻게 제공하고, 이를 활용한 창업 아이템의 수익의 일부를 어떻게 공공으로 돌릴 수 있는지, 그 구조를 어떻게 만들 것인지 등의 논의가 활발하다. 대표적인 사례로, 에어비앤비의 경우 개별 판매자는 적은 수익을 얻는데 비해, 에어비앤비는 매우 큰 수익을 거뒀다. 가치를 생산하는 사람의 몫은 작은 반면, 구매자와 판매자 사이를 연결해주는 플랫폼형 기업이 비정상적으로 부유해진 것이다. 그래서 부스러기 공유 경제라는 비판을 받기도 한다. 이런 이유로 플랫폼을 협동조합화 하자는 의견도 있고, 공공화하자는 목소리도 있다. 에어비앤비 참여자들이 기업을 공동으로 소유하면 이야기가 달라질 수 있다. 사회적 인프라 자체가 변화를 향해 가고 있다.

자유주의 사상가 로크(Locke)는 인간의 노동이 매개되지 않은 것에 소유를 주장할 수 없다고 했다. 예를 들면, 지하 자원을 이용한 삼다수의 경우, 개별 소유로 인정해주면 안 된다는 것이 초기 자유주의 사상이다. 그런데 지금은 그것을 팔고 있다. 땅 속에 묻혀있는 자원을 통해 이득을 회수해서 소득을 취하고 있다. 광장도 광장 효과로 사람이 모여 인근 지역에서 장사가 잘 되는데, 그렇게 발생한 이익을 거둬서 기본 소득의 재원으로 삼자는 주장도 있다. 사회 자체를 공유라는 관심으로 재해석하다 보면 다양한 것들을 상상해 볼 수 있다.

개인이 사는 공간 외에도 놀고 활동할 수 있는 도시 공간에 대한 욕구가 사람들에게 있다고 생각한다. 도시와 도시 인프라를 공유지로 사고하면 새로운 도시를 만들 수 있다. 지금까지는 행정이 도시에 인허가권이라는 절대적 권한을 행사해 왔다. 이제는 시민이 참여해 도시의 정체성, 색깔, 느낌을 만들어 가야 하는 중요한 전환기에 들어섰다. 그 전환기의 키워드 중 하나가 공유다. 공유라는 키워드로 도시 문제를 다시 생각하면 사고와 실천의 지평을 넓힐 수 있다.

놀이터로 행복한 마을

이영범

경기대학교 건축학과 교수. 2002년 걷고싶은도시만들기시민연대
시민단체에서 처음 활동을 시작했다. 도시연대는 도시에서
시민들의 보행과 관련된 권리를 어떻게 하면 회복할 수
있을까라는 고민으로 처음 시작됐다. 시청 앞 광장을 시민들의
광장으로 조성하는 활동 등 도시를 바꾸려는 노력을 해왔다.
그중 하나가 주민 참여 디자인으로 만드는 놀이터이다.

- -
참여 디자인으로 만든 어린이 공간
테즈카 건축(Tezuka Architects)에서 설계한 도쿄 다치카와의
후지유치원은 전 세계에서 아이들이 가장 좋아하는 10대
유치원으로 뽑힌 곳이다. 2007년에 개원한 이 유치원은 울창한
숲과 함께 어우러져 있다. 자연 속에서 배우고 노는 아이들
모습에서 생동감을 느낄 수 있다.

후지유치원이 기존 유치원과 다를 수 있었던 것은
아이들이 무엇을 원하는지 이야기하고, 건축가가 아이들의
마음을 읽었기 때문이다. 건축가가 모든 의사 결정 권한을
독점하는지, 아니면 사용자가 의사 결정 과정에 적극적으로
참여할 수 있는지, 건축가가 무엇에 근거해서 의사 결정을
하는지의 차이였다. 좋은 디자인을 위해서는 사용자의 마음을
읽어야 한다.

미국에서는 놀이 부족과 지역 공동체의 허약한 결속력이
문제가 되었다. 이를 개선하고자 설립된 비영리단체 중 하나가
카붐(KaBoom)[1]이다. 카붐은 2억 달러가 넘는 기금과 백만

명의 자원 봉사자가 있는데, 아이들의 놀 권리를 보장하기 위해 놀이터가 필요한 곳에 놀이터를 만들어 준다.

카붐은 '단 하루의 기적'이라는 프로젝트를 진행하면서 놀이터가 필요한 지역의 주민들로부터 신청을 받는다. 민간 기업의 후원을 받아서 미리 주민들을 만나고, 놀이기구 제작업체와 디자인 시안을 만든다. 이후 디자인 시안을 갖고 주민들과 협의한 다음 놀이터 조성에 필요한 제작물을 모두 가져온다. 그러면 카붐과 지역 주민들, 후원하는 기업의 봉사를 자원한 직원들이 그 장소에 놀이터를 만든다. 안전 수칙과 매뉴얼에 따라 당일에 만들고 개장해서 주민들에게 놀이터를 넘겨준다.

오스트리아에도 좋은 사례가 있다. 도시에 작은 공터가 있었다. 아이들은 거기서 축구하는 것을 좋아했는데, 공터 면적이 실제 축구장의 1/4 정도밖에 되지 않다 보니 마음껏 축구를 할 수가 없었다. 면적의 한계를 극복하면서 모험과 흥미 요소를 넣기 위해 바닥을 울퉁불퉁한 곡면으로 만들어 기존과 다른 축구장을 만들었다. 공이 어디로 튈지 모르니 더 흥미로워졌고, 아이들이 뛰는 양도 훨씬 많아졌다.

이곳에는 다른 곳에서 볼 수 없는 또 다른 광경이 있는데, 축구장의 옹벽이다. 옹벽을 자세히 보면 구멍이 여러 개 뚫려 있고, 그 안에 생수병이 꽂혀 있다. 아이들이 목이 마르면 마실 수 있도록 주민들이 생수병을 꽂아둔 것이다. 지나가다 목이 마르면 누구나 생수를 꺼내서 마실 수 있다. 축구장 옹벽은 아이들의 사고를 유발하는 장애물이 아닌 동네 사람 모두가 아이들에게 관심을 갖게 만드는 소통 창구가 되었다. 참여에 기반해서 함께 사는 것이 가능하다는 것을 보여준 예이다.

---

1   KaBOOM!은 '번쩍', '펑'과 같이 무언가 마법처럼 나타나는 모습을 묘사하는 의태어이다.

이것이 계속 유지될 수 있는 것은 목이 마를 때 생수를 꺼내 마신 사람들이 다음에 지나가면서 새 생수병을 채워 놓기 때문이다. 참여의 중요성을 아무리 이야기해도 잘 이루어지지 않는 경우가 많다. 그렇지만 내가 뭔가를 정말 필요로 할 때 도움을 받고 나면, 다음에 나로 인해서 누군가도 도움을 받으면 좋겠다는 생각을 자연스럽게 하게 된다. 이것이 참여의 중요한 본질이라고 생각한다. 결국 참여 디자인은 말로만 강조하는 소통이 아니라 기존 제도 안에서 변화를 만들어 내는 것이다.

- - - - - - - - - - - - - - - - -

행정이 주도하는 한국 놀이터

참여가 모든 문제를 해결할 수 있는 방법은 아니다. 다른 사람의 의견을 묻는 순간 여러 이해관계가 테이블에 놓이게 되는데, 그것을 조율하는 과정에서 갈등이 생기기 마련이다. 서로 화합할 수 없는 간극이 있을 때는 갈등이 고조된다.

20년 된 한 마을의 사례가 그랬다. 주차 공간 부족으로 골목마다 차들이 주차되어 있다 보니 아이들에게 교통사고가 일어났다. 이후 마을 공터를 놀이터로 만들자고 제안했을 때, 놀이터를 만들자는 측과 주차장을 만들자는 측으로 주민 의견이 갈렸다. 결국 놀이터가 만들어졌는데, 이로 인해 주차장을 원했던 주민들은 놀이터를 싫어하게 되고, 급기야 그 뒤로 마을 문제에 관심을 갖지 않게 됐다. 참여가 오히려 갈등을 심화시킨 경우라고 하겠다. 그럼에도 불구하고 참여를 강조하는 이유는 참여하지 않으면 마을 주민들의 생각을 알 수 없기 때문이다. 주민의 이야기를 들어야 그것을 근거로 의사 결정을 할 수 있다.

한국은 주로 행정 주도로 짧은 기간 내에 놀이터 사업을 진행해 왔다. 행정 주도형 사업은 대체로 근거에 따라 예산을 편성하고, 예산이 기준 항목별로 적절히 사용됐는지 감사하고, 성과를 평가하는 프로세스로 진행이 된다. 정해진 틀에서 사업계획서대로 구현이 되면 사업이 성공적으로 완수된 것으로

여수 국가산업단지 생산업체 종사자들을 위해 조성된 삼일배후단지의 어린이 놀이공원. 1986.4.10 ⓒ연합뉴스

'어린이놀이시설 안전관리법' 시행 날, 이용 금지 테이프가 붙은 아파트 놀이터. 2015.1.27 ⓒ연합뉴스

한 평 공원 사업

주민 참여 디자인을 통해 도시 하부부터 바꾸기 위해 건축, 조경, 사회학, 공공미술, 디자인 등 여러 분야의 전문가가 모여 2002년에 커뮤니티디자인센터를 만들었다. 커뮤니티디자인센터에서 '한 평 공원' 사업을 10여 년간 진행하며, 주민과 함께 도시 내 작은 공간을 바꿔 나갔다.

제1호 한 평 공원은 북촌 원서동에 버려진 방범 초소를 주민 쉼터로 바꾼 것이었다. 이후로도 초등학교 방음벽을 바꾸고, 사회복지관 근처에 작은 도서관과 주민 쉼터를 만들고, 서울역 앞 동자동 쪽방촌에 쪽방 주민의 생활 공간을 조금씩 바꾸는 등 60개가 조금 안 되는 한 평 공원 사업을 진행했다. 보통 300-500만 원의 예산을 들여 한 평짜리 공원을 조성했다. 지금은 후원자가 없어서 사업이 진행되지 않고 있다.

이 사업을 하면서 주민 참여 없이 전문가가 주도한 디자인과 주민이 참여해서 함께 고민하고 결정한 디자인이 어떻게 다른지를 직접 보게 됐고, 주민 참여의 중요성을 알게 됐다. 주민 참여는 2000년대 초반만 해도 생소한 개념이었다. 아무도 주민 참여를 통한 디자인을 생각하지 못했고, 디자인은 전문가의 영역이라고 생각했다. 주민이 참여하면 디자인이 나아지냐는 냉소적인 비난도 받았다. 다름이 어디에 있었고, 무엇 때문에 다름이 생겼는지, 그로 인해 어떤 변화가 생겼는지에 대한 경험담을 묶어 2009년 『커뮤니티 디자인을 하다』라는 책을 만들었다.

본다. 하지만 그런 식의 행정에 우리는 만족하지 못한다.

서울시도 많은 놀이터 사업을 했다. 1년에 60~70개가 넘는 놀이터를 '창의 놀이터'라는 이름으로 만들었다. 그전에도 다른 이름 아래 놀이터 사업을 하면서 놀이터를 바꿔 보려는 노력을 해왔다. 그럼에도 불구하고 아이들이 정말 원하는 놀이터를 만들었는지, 정작 그곳을 이용하는 아이들의 목소리에 얼마만큼 귀를 기울였는지에 대한 의문이 든다.

제도에 기대기 보다 가치를 지향해야 한다. 돈이 아닌 의지로 만들고, 정해진 틀에 따라서 집행하기보다는 실패하더라도 상황에 맞춰서 무엇인가를 실험해 봐야 한다. 피상적인 성과보다는 그 안에 담긴 의미가 중요한데, 제도라는 프레임에 너무 갇혀 있다.

116

- - - - - - - - - -

삼양초등학교 놀이터, 무산된 첫 프로젝트

2002년 서울 강북구 미아2동에 있는 삼양초등학교에서 주민 참여로 놀이터 디자인을 시작했다. 학교 인근에 다세대·다가구가 지어지면서 전학생들이 갑자기 늘어 기존 학교를 헐고 학교 건물을 개축했다. 학교 건물은 새로 지어졌지만 기존에 있던 놀이터, 식물원, 동물 체험장이 모두 없어져 아이들이 놀 곳이 마땅치 않았다. 도시연대 회원이기도 한 학교 운영위원장이 주민 참여로 놀이터에 대한 제안을 만들어 달라고 의뢰를 해왔다. 서울시교육청에 제안해서 예산을 받기로 하고, 한 달간 대학원생 네 명과 작업을 했다. 아이들과 자주 만나서 원하는 놀이터를 그림으로 표현해 보고, 놀이터 이름도 지어보게 했다.

놀이터를 만들기 위해 운동장 한 켠을 놀이터로 조성하려고 했다. 그 과정에서 여러 이해관계자를 만났다. 그중 하나가 조기 축구회였다. 운동장 한쪽 가장자리를 놀이터로 조성하려는 계획을 설명하니 조기 축구회에서 결사적으로 반대했다. 그곳에 놀이터를 조성하면 코너킥을 할 수 없고,

운동장 거리가 짧아져 재미가 없어진다는 것이었다. 초등학교 운동장에 놀이터를 만드는데 그런 이유로 그들이 반대할 수 있는 권한이 있는 것인지 이해가 되지 않았다. 그렇다고 그 의견을 무시할 수는 없었다. 그래서 방법을 찾은 것이 선형 놀이터였다. 운동장 둘레의 유휴공간에 선형 놀이기구를 설치하고 놀이가 계속 이어질 수 있게 디자인을 제안했다.

서울시교육청에 제안서를 냈고, 2년 사업으로 1년에 1억 5천만 원씩을 지원받기로 했다. 그런데 예산 항목이 교육 프로그램에만 쓸 수 있도록 되어 있어서 놀이터 시설물 조성에 그 지원비를 사용할 수 없게 되었다. 결국 놀이터를 만드는 계획은 무산됐다. 확보한 예산은 놀이터를 만드는 데 비협조적이었던 학교에 돌아갔다. 사회 문제를 해결하는 것이 열정만으로 되지 않고, 정치적인 노련함이 필요하다는 것을 알게 됐다.

117

- - - - - - - - - - - - - -
매탄2동 어린이공원, 함께 만든 가족 놀이터
실제 놀이터 디자인에 참여하게 된 것은 2006년이다. 수원시 영통구 매탄2동에 있는 어린이공원의 놀이터였는데, 단독주택이 밀집된 오래된 동네였다. 원래 토지공사에서 3억 원의 예산을 들여 유명한 작가가 공공미술 작업을 하도록 내정되어 있었다. 그런데 우연한 기회에 놀이터 디자인 사례를 소개하는 기회를 얻게 되었고, 그 예산 중 1억 5천만 원으로 예정에 없던 놀이터 디자인을 하게 되었다.

어린이공원의 놀이터 기구들은 오래되고 낡아 반질반질해지고 구멍도 나 있었다. 주민들의 요구는 두 가지였다. 첫 번째는 가을이 되면 나뭇잎이 많이 떨어지니 큰 나무들을 베어달라는 것이었고, 두 번째는 밤이 되면 불량 청소년들이 몰려드는 놀이기구의 망루를 없애 달라는 것이었다. 과거 진행했던 한 평 공원 프로젝트의 예산이 300 – 500만 원이었던터라, 1억 원으로 할 수 있는 것이 무궁무진할거라

매탄2동 어린이공원 조감도 (자료제공: 이영범)

생각했었다. 기존 놀이기구를 철거하고, 근사한 조합 놀이기구를 설치하면 되겠다고 생각했는데, 실상은 그렇지 않았다. 거기에 드는 비용만 8천만 원이었다. 놀이터 기구뿐 아니라 공원 바닥 정비부터 노인정 주변 정리까지 주민들의 요구 사항은 점점 많아졌다. 1억 원으로는 이 모든 것을 하기 어렵다는 결론을 내리고, 기존 놀이기구를 철거하지 않고 고쳐쓰기로 했다. 비용 때문이기도 했지만, 동네에 삼사십 년씩 살아온 주민이 태반인데, 놀이터에 대한 이들의 추억을 한순간에 지워버리는 게 아닌가 하는 생각이 들어서였다.

이때만 해도 참여 프로그램이 많이 소개되지 않아서 이곳 상황에 맞는 참여 프로그램 매뉴얼이 없었다. 놀이터 디자인에 앞서 참여 프로그램을 디자인해야 했다. 처음에는 주민들의 요구를 파악하기 위해 설문 조사를 했다. 놀이터 안전에 문제가 되는 것은 무엇인지, 어떤 것들을 개선했으면 좋겠는지를 물었다. 주민들은 누구나 사용할 수 있는 가족 공원이면 좋겠고, 바닥은 우레탄으로 바꾸면 좋겠다고 했다.

다음으로는 아이들이 원하는 것을 파악하기 위해

어린이집 아이들과 초등학생들을 만났다. 아이들의 의사 표현을 잘 이해할 수 있는 방법을 고민하다가, 인근 유치원에 부탁해 아이들 20명을 놀이터에서 놀게 하고, 이를 관찰하기로 했다. 아이들이 노는 모습은 제각각이었다. 미끄럼틀 밑에 가서 모래 장난을 하는 아이가 있는가 하면, 일단 무작정 뛰어다니다 한참 후에 놀이기구를 찾는 아이도 있었다. 성별, 신체 조건, 성격에 따라 다 달랐다. 그러던 중 한 아이가 오래된 폐타이어의 체인을 바꿔주면 좋겠다고 했다. 그때부터 아이들이 원하는 것들을 자발적으로 드러내기 시작했다.

초등학생들에게는 열 가지 종류의 놀이기구를 디자인한 그림 카드를 보여주고, 선호도를 조사했다. 카드를 이용해 놀이터 디자인 장터를 열었다. 2인 1조의 아이들에게 천 원짜리 놀이기구 열 개를 사서 원하는 놀이터를 만들게 함으로써 아이들이 원하는 것을 파악했다. 학교 선생님과 어른들은 안전이 최고라고 하면서 사고를 우려했지만, 아이들은 평범한 것보다는 모험을 원했다. 모험과 안전이라는 두 마리 토끼를 어떻게 하면 모두 잡을 수 있을지 고민하다가, 아이들에게 빨간색, 노란색, 파란색 스티커를 나눠주고 좋아하는 기구에는 파란색, 위험하고 싫어서 사용하지 않는 기구에는 빨간색, 고쳤으면 하는 기구에는 노란색을 붙이게 했다.

조사를 마친 후 주민들이 원했던 가족 놀이터 안에 어떻게 아이들이 원하는 것을 넣을지 개념화하는 작업을 본격적으로 시작했다. 놀이기구의 망루는 철거하되, 망루의 양쪽 부분은 고쳐서 재활용하고, 그 사이에 새로운 기구를 끼워 넣는 디자인을 했다. 놀이기구의 위치를 옮기고 놀이동산 같은 느낌이 나게 꾸몄다. 기구에 의존하지 않고 지형을 이용한 놀이가 가능하도록 롤러브레이드를 탈 수 있게 만드는 등 실험적인 디자인 안을 만들었다. 도롱뇽 캐릭터를 이용해 꼬리 부분의 끝자락에는 시소를 달고, 머리와 등 사이를 비워서 그네를 설치하기도 했다. 바닥 일부를 우레탄으로 바꾸고, 기존의 모래나

119

흙을 최대한 활용했다. 모험 요소로 용수철을 제작해 설치했는데,
아이들은 흔들리는 용수철 위를 걸으며 재미를 느낄 수 있고,
어른들은 앉아서 아이들이 노는 것을 지켜볼 수 있다. 중앙의
나무는 베지 않고 몇 그루씩 묶어서 정리하고, 바닥 세 군데에
데크를 설치해 노인정에서 필요로 했던 평상으로도 사용할 수
있게 만들었다.

- - - - - - - - - - - - - - - - - - -

세화어린이공원, 아이들의 놀 권리

세이브더칠드런**2**에서 아이들이 참여해서 함께 놀이터를
만들 곳을 찾고 있었다. 세이브더칠드런은 놀이터를 아이들의
놀 권리를 위한 하나의 공간 표본으로 여겼다. 그들의
요구는 아이들의 놀 권리를 지켜주는, 아이들이 만드는
놀이터를 디자인해 달라는 것이었다. 작업을 외뢰받은 곳은
세화어린이공원의 놀이터로, 지역에서 유일한 어린이공원이었다.
아이들이 놀 곳이 마땅치 않아, 반경 150m 내에 있는 어린이집
두 곳에서 이 공원을 야외 활동 공간으로 사용하고 있었다.

먼저 세이브더칠드런과 함께 주민들을 만나 이야기했는데,
두 달 동안 실마리를 풀지 못해 할 수 있는 일이 없었다. 주민들의
이야기를 듣고 그것을 통해서 어떻게 참여할지 대응해야 하기
때문에 사전에 마스터플랜을 짜서 제안하는 것이 가능하지
않았다. 세이브더칠드런에서는 그런 과정과 시간들을 인정해주고

2 　세이브더칠드런(Save the Children)은 전 세계의 빈곤 아동을 돕는 국제
기구이다. 1919년 영국에서 설립됐으며, 교육과 보건, 경제적 지원을 통해 아동의
권리를 보호하는 것을 주 목표로 하고 있다. 현재 28개국 이상에 지사를 두고
있으며 국가 간 전쟁이나 재난 등이 일어날 경우에도 응급 구호팀을 파견한다.
세이브더칠드런 한국 지부는 1953년 결성됐다. 세이브더칠드런 코리아의 경우
'소녀들의 꿈, 백만 개의 별' 등 어린이를 돕기 위한 여러 형태의 캠페인을 주관한다.
아프리카 말리에서 영유아를 위한 의료 서비스를, 방글라데시에서 신생아와 임산부
건강 관리 개선 사업 등을 하고 있다.

기다려주었다.

　　주민들과 인터뷰를 해보니 공원에 문제가 많았다. 시설 안전 기준에 미달되어 놀이터 시설물이 모두 철거된 상태로 4년 동안 폐허처럼 방치되어 있었던 데다, 청소년들이 공원을 아지트 삼아 모이는 것이 문제였다. 공원이 주택과 인접해 있다 보니 청소년들이 담배를 피거나 떠드는 소리 때문에 주민들이 하루에도 몇 번씩 신고를 해서 경찰차가 다녀가는 일이 비일비재했다. 한 할머니댁은 아이들이 담배를 피다 우편함에 불을 붙여 불이 날 뻔했고, 동네 주변에 세워져 있는 오토바이가 실제로 불에 타는 사고도 있었다. 동네에 살지 않는 에어로빅 동호회 아주머니들이 주민들이 자고 있는 새벽 6시에 음악을 틀고 운동하는 것도 문제였다.

　　여기서도 아이들이 '내 놀이터'라는 생각을 가질 수 있도록, 아이들 의견에 따라 다양한 놀이가 이루어질 수 있게 하려 했다. 놀이터를 시설물로 인식하는 것에서 벗어나, '터'가 아닌 '놀이'에 주목하고, 시설이 아닌 아이들의 놀 권리, 아이들의 삶을 담고자 했다. 터와 놀이와 사람의 관계를 유기적으로 잘 디자인하는 것이 중요하다고 보았다.

121

　　기존 공원에 있던 나무도 살리고 나무 숲 그늘에서 아이들이 놀 수 있게 하기 위해 나무 사이에 조합 놀이기구를 끼워 넣었다. 일본의 후지유치원처럼 아이들이 다른 높이에서 나무를 체험할 수 있도록 숲 놀이터를 만들어 주고 싶었지만, 나무 위에 올라타 노는 것은 안전 기준 때문에 불가능했다. 대신 바닥에 요철을 주고, 사이사이에 바닥을 활용한 놀이터와 함께 타는 그네를 만들어 주었다. 주민들을 위한 운동 시설과 휴게 공간도 만들고, 나무 둘레에 화단을 만들어 부모들이 쉬면서 아이들을 관찰할 수 있게 했다. 공원 관리를 위해 담장을 만들고 공원을 개방하는 시간을 정했다. 담장이 주는 부정적인 느낌을 줄이기 위해 담장의 높이와 색, 간격 등을 시뮬레이션하고, 아이들과 함께 캐릭터를 그려 담장에 붙였다.

세화어린이공원의 임시프로젝트

놀이터 공사가 진행되는 6개월 동안 임시 프로젝트가 진행되었다. '주민의 엉덩이를 지켜라', '경계석, 너에게도 색깔을', '초록 그물 정복 작전', '바닥이여, 안녕!', '너의 목소리가 들려', '나무와 돌이 어때서', '고양이를 부탁해' 등 기존 나무, 모래, 바닥을 활용한 일곱 가지 놀이였다.

'주민의 엉덩이를 지켜라'는 겨울에 공원 벤치에 앉을 때 차갑지 않도록 특수 스펀지로 제작된 다양한 색의 방석을 벤치에 설치한 것이다. '경계석, 너에게도 색깔을'은 경계석에 색테이프를 붙인 것으로, 아이들이 색테이프를 따라 경계석 위를 걷거나 뛰어 다녔다. '초록 그물 정복 작전'은 초록색 그물과 그물공을 다양한 길이와 형태로 나무에 매달아 자유로운 놀이를 유도한 것이다. 아이들은 거기에 눕기도 하고 나무를 올라타기도 했다. '바닥이여, 안녕!'은 놀이 시설물이 철거된 바닥에 페인팅을 해서 바닥 놀이터를 조성한 것이다.

아이들이 놀이기구 없이도 놀 수 있는지를 실험해보고 싶어 진행했던 프로젝트였다. 모두 모여 바닥에 다양한 놀이를 그리고, 미취학 아동들과 초등학교 4, 5학년 아이들을 나눠서 격일로 관찰했다. 미취학 아동들은 대체로 주어진 대로 노는 반면 4, 5학년 아이들은 또래 집단과 리더가 있어 스스로 역할을 부여하며 노는 차이를 보였다.

조성된 세화어린이공원의 모습 (자료제공: 이영범)

2014년 말에 작업을 시작한 놀이터는 2015년에
문을 열었다. 4년 넘게 방치되어 있던 공간이다 보니 처음에는
주민들이 관심을 보이지 않았다. 그러다 차츰 아이들이 다시
뛰어 놀기 시작하니 지역의 엄마들이 움직이기 시작했다. 공간이
바뀌니 매일 오던 민원 신고 전화가 오지 않아 일이 줄었다고
지역 경찰도 와서 고마움을 표했다. 이제는 스스로 놀이터를
지키라면서 아이들에게 어린이 놀이터 지킴이 임명장을 수여하는
행사도 했다. 이렇게 놀이터가 바뀌니 사람들이 함께 어우러져
사는 것에 대한 어른들의 생각이 바뀌고, 바뀐 어른들의 생각이
마을의 풍경을 바꾸었다.

- -
한 아이를 키우려면 온 마을이 필요하다
우리는 살면서 인생을 보조해 주는 많은 인생 보조 공간을 만난다.
인생 보조 공간은 삶을 지탱해 주거나 힘이 되어주는 공간,
상상의 나래를 마음껏 펼치게 해 주는 공간, 남과 함께 우리가 될

수 있는 공간이다. 놀이터는 아이들이 생각을 키우고 미래로 나갈 수 있도록 아이들의 인생을 보조해 주는 공간이다.

아이들이 학원 다니느라 놀 시간도 없는데 놀이터를 왜 만드냐고 말하는 사람도 있다. 그렇지만 그런 이유로 아이들의 놀 권리를 어른들이 박탈하는 것은 옳지 않다고 생각한다. 세이브더칠드런의 조사 결과에 따르면 대한민국 아동 세 명 중 한 명은 하루에 30분 이상 놀지 못하고 나머지 두 명 중 한 명은 노는 것이 자신의 권리인 것조차 알지 못한다. 2015년에 실시한 설문 조사에서 대한민국 정부가 아동을 위해 가장 투자해야 하는 권리로 아이들의 놀 권리가 선택됐다.

'한 아이를 키우려면 온 마을이 필요하다'는 아프리카 속담이 있다. 놀이터를 만들면서 이 말에 공감했다. 고민만 해서는 문제가 해결되지 않는다. 많은 사람들의 이해와 협력이 필요하다. 기회가 주어진다면 아이들과 함께 진짜 놀이터를 만들고 싶다.

정림건축문화재단

정림건축문화재단은 한국 건축의 건강한 생태계 조성을 위해 설립되었습니다. 건축의 사회적 역할과 건축을 통한 공동체 활성화를 목적으로 건축 뿐만 아니라 문화예술계와 활발한 교류에 힘씁니다. 또한 한국 건축문화의 균형 잡힌 매개자가 되기 위해 미디어, 교육, 포럼, 전시, 공동체 연구, 출판 등 다양한 프로그램을 진행하고 있습니다. www.junglim.org

건축신문 Vol. 20
시민의 도시, 서울

2017. 12. 19
등록번호: 종로 바 00136
ISBN: 979-11-86000-55-7 (02610)
ISSN: 2287-2620

기획: 정림건축문화재단
발행인: 김형국
편집인: 박성태
편집자: 권미주, 김상호
디자인: studio fnt

도서출판 마티
서울특별시 마포구 동교로12안길 31 2층
02-333-3110
blog.naver.com/matibook
matibook@naver.com

이 책은 한국문화예술위원회의 후원을 받아 제작되었습니다.

한국문화예술위원회
Arts Council Korea